강변의 들꽃

강변의 들꽃

초판 1쇄 인쇄 | 2021년 11월 22일
지은이 | 장영호(문호)
펴낸이 | 이재욱(필명:이승훈)
펴낸곳 | 해드림출판사
주 소 | 서울 영등포구 경인로82길 3-4(문래동1가 39)
센터플러스빌딩 1004호(우편07371)
전 화 | 02-2612-5552
팩 스 | 02-2688-5568
E-mail | jlee5059@hanmail.net

등록번호 제2013-000076
등록일자 2008년 9월 29일

ISBN 979-11-5634-486-5

강변의 들꽃

장영호 지음

해드림출판사

들어가며

지난 1년 전부터 써오던 이 에세이가 마무리돼가던 7월 중순 어느 날이었다.

답답하고 괴로운 마음으로 도봉산엘 올라갔었다.

그리고 가끔 그 산을 오를 때 들렀던 절에 도착해서였다.

그날도 예전처럼 법당 안에서 스님의 불경 소리가 울려오고 있었다.

그러나 한 가지 다른 느낌이 왔다.

그날따라, 들려오던 불경 소리가 평소와는 다르게 너무나 편안하게 느껴지는 것이었다.

그리고 조금은 우여곡절을 거치며, 마치 운명처럼 다가온 사랑과 이별 앞에, 내가 서 있음도 직감할 수 있었다.

그 원인도 내게 있었음을 생각하면서, 나는 전날 밤 꾸었던 꿈에 대한 기억을 되새기며 산에서 내려왔다.

요즘도 힘이 들 때면, 나는 군대 생활할 때 그랬던 것처럼 종종 어머니 생각을 하곤 한다.

그날, 도봉산에서 내려올 때도 그랬다.

그러나 한편으론, 인간은 성장하면서 추억을 만드는 것 같다.

어쩌면 지난 시간 주로 일요일 오후에 써왔던 이 에세이도, 어느 정도는 그간 살아오면서 쌓인 나의 파편과도 같은 기억에 대한 단상인지도 모른다.

우리는 때론 이렇게 지나간 추억과 기억들을 반추하면서, 또 오늘과 내일을 살아갈 것이기 때문이다.

차례

2. 모차르트 교향곡

3. 라비 앙 로즈

4. 장미꽃에 담긴 사연

5. 동행

6. 강변의 들꽃

제1부

봄비

요양원 가는 길

어머니가 계신 요양원에 가는 길이다.

역촌동에 있는 노인요양원에서 벌써 몇 년째인데, 녹내장으로 앞도 못 보고 청각장애도 있어서 보청기를 껴야 겨우 들을 수 있다.

안과 수술을 받으려고 했으나 전신 마취를 해야 하고, 그럴 경우 연로해서 못 깨어날 수도 있다는 의사의 말에 가족 전체의 의견을 모아 수술을 하지 않기로 했었다.

그러나 이젠 어머니도 답답하겠지만, 면회 가는 자식들도 답답하긴 마찬가지인 것 같다.

요즘은 코로나 19로 그마저도 어렵다.

그래도 요양원에서 갑자기 전화가 올 때면 가슴이 철렁한다.

겨울밤

밤새 하얀 눈이 내렸다.

집 앞 골목길에도 수북이 눈이 쌓였다.

이럴 땐 눈사람을 만들고, 누군가와 눈싸움을 하고 싶다.

어릴 적, 시골 초가지붕 위에 흰 눈이 소복이 쌓일 때면 뒷뜰 두 그루의 감나무엔 가지마다 꿩이 날아와 앉곤 했었다.

토끼장 안에는 지난가을 새끼를 낳은, 흰 털 어미 토끼가 몸을 움츠리고 있고 호롱불 켜진 방안에는, 바느질하던 어머니의 얼굴이 가물거린다.

이렇게 도시의 하늘에서 눈 오는 날이면, 초가지붕 위에 흰 눈이 내리던 그 겨울밤이 그립다.

마을굿

어릴 적 고향 마을에선, 정월 대보름이 오면 어른들이 마을굿을 한다.

대략 10여 명에서 15명 정도의 동네 어른들이 한패가 되어, 장고와 북과 꽹과리, 징 등을 치며 마을 집집마다 방문하여 그해의 풍년을 기린다.

그런데 거기에 꼭 빠지지 않는 게 있었다.

무섭게 생긴 귀신 탈을 쓴 광대였다.

겁이 좀 많았던 나는 그 광대만 보면 무서워 도망 다니기 일쑤였다.

그것이 가면이라는 것을 알면서도, 왜 그렇게 무서워했었는지 모르겠다.

꽃샘추위

비교적 따뜻한 3월이다.

이제 봄이 왔나 싶더니 봄꽃이 피는 걸 시샘해서 온다는 꽃샘추위가 어김없이 찾아왔다.

다시 겨울 등산복으로 갈아입고 망우리 공원을 한 바퀴 걸었다.

기온 차가 커서인지 한겨울보다 더 추운 것 같았다.

밤사이 내린 눈 때문인지 활엽수와 소나무 가지마다 하얀 눈꽃이 피었다.

둘레길을 걸어가니 뽀드득 뽀드득 눈 밟는 발소리가 난다.

꽃샘추위는 봄을 맞이하기 위해, 하늘이 내리는 마지막 시련인지도 모른다.

모든 자연 현상은 나름대로 질서와 인과관계가 있듯이, 겨울이 너무 따뜻하면 여름에 벌레가 많고 흉년이 들뿐만 아니라, 온갖 질병이 기승을 부리게 된다고 한다.

그래서 꽃샘추위는 따뜻한 봄으로의 질주를 제어하고, 모든 생명에게 한 번쯤은 자신을 돌아보게 하는 자연의 섭리일 수도 있다.

하지만 꽃샘추위가 아무리 강해도 봄이 오는 것을 막지는 못한다.

브람스 헝가리 무곡

봄으로 가는 길목에서 꽃샘추위가 한 차례 더 휩쓸고 간 일요일 오후다.

대체로 마음이 한가한 시간이기에 이럴 땐 나는 주로 음악을 듣는다.

방안의 FM 라디오에서 브람스의 헝가리 무곡 제5번이 흘러나오고 있다.

헝가리의 집시 마자르족의 무곡에서 영감을 받

은 이 춤곡은, 브람스가 30대 중반에 작곡한 곡이라고 한다.

유랑 민족인 집시 특유의 리듬과 선율로, 집시들의 애환과 우수의 멜로디를 담고 있다고 하겠다.

브람스가 춤곡 제5번을 포함해 21편의 헝가리 무곡을 작곡하게 된 계기도, 에두아르드 레메니라는 헝가리 바이올리니스트를 만남으로써 가능했다고 한다.

당시 브람스의 나이 19세, 그리고 그 이듬해 브람스는 레메니와 함께 헝가리 연주 여행을 떠나게 된다.

이렇게 하여 브람스는 헝가리 집시음악과 접하게 되고, 음악 인생의 대전환을 맞게 되었던 것이다.

이렇듯 브람스의 헝가리 무곡은 우리에게, 인간의 삶에서 만남이 얼마나 중요한가도 함께 일깨워 주는 것 같다.

봄비

4월 중순의 대지에 봄비가 내리고 있다.

겨우내 앙상했던 공원의 활엽수 가지마다 파릇파릇 새순이 돋아난다.

'겨울이 오면 봄 또한 멀지 않다.'라는 퍼시 셸리의 싯구처럼, 이렇게 자연은 거짓이 없는 것 같다.

윤중로 벚꽃 놀이

4월 중순의 토요일 오후, 여의도 윤중로에 벚꽃이 활짝 피었다.

벚꽃 놀이를 하는 가족과 친구, 연인들의 해맑은 표정들이 벚꽃을 따라가고 있다.

사계절 중 하루쯤은, 이렇게 꽃과 함께 걸어보는 것도 괜찮은 것 같다.

개구리복

군 생활 3년을 마치고 제대하던 날이었다.

꿈에 그리던 개구리복을 입고 청량리역에 도착했을 땐, 역 광장을 지나가는 모든 사람이 나를 반겨줄 것만 같았다.

개구리복은 영광의 제복 같았다.

내 인생에 가장 기쁜 날이었다고 해도 틀린 말은 아닌 것 같다.

특별히 남들보다 고생을 많이 해서 그런 것은 결코 아니었다.

어떤 조직이나 제도에 얽매이기 싫어하는 성격 때문에 그래서인지, 나의 군 생활은 더욱 지루하고 힘들었던 것 같다.

그러나 진짜 힘든 삶은 오히려 제대 이후에 찾아왔다.

사월과 목련

목련꽃 그늘 아래서 베르테르의 편질 읽노라
구름꽃 피는 언덕에서 피리를 부노라
아아 멀리 떠나와 이름 없는 항구에서 배를 타노라……

담장 넘어 이웃집 모퉁이에 목련꽃이 활짝 피었다. 나무에 핀 연꽃이라 하여 목련이라 이름 붙여졌다고 한다.

그리고 꽃말은 '고귀함'이다.

꽃송이들이 북쪽을 향해 있어서 북향화라 부르기도 한다.

그러나 무엇보다도 목련꽃에는, 이루지 못한 사랑이라는 슬픈 전설이 있다.

아주 먼 옛날 옥황상제에게는 사랑스러운 공주가 있었다.

공주는 아름답고 마음씨가 고와 청년들이 모두 그녀를 좋아했다.

그러나 공주는 아랑곳없이, 무섭고 사나운 북쪽 바다의 신을 사모했다.

공주는 어느 날 밤 왕궁을 빠져나와 사랑하는 바다의 신을 찾아갔다.

그러나 바다의 신에게는 아내가 있었다.

공주는 상심하여 바다에 몸을 던지고 만다.

하늘에서 이 사실을 안 옥황상제는 공주의 무덤가에 꽃을 피우게 했는데, 이 꽃을 '목련'이라 했다고 한다.

공주의 이루지 못한 슬픈 사랑과 목련 그리고 완연한 사월의 봄……

미얀마의 봄

2021년의 봄, 태국에서 국제 미인대회가 있던 날 '한 레이' 미스 미얀마는 울먹거리면서 말했다.

미얀마에서 군부 쿠데타가 일어났고, 그에 저항하는 시민들을 무차별 폭행 살상하고 있다면서 국제사회의 도움을 요청했다.

연일 방송 언론을 통해서 본 미얀마의 사태는, 세

손가락을 치켜들고 시위를 하며, 군부에 저항하는 시민들과 그 시위를 진압하는 군인과 경찰의 무도함과 잔인함이었다.

시민들의 세 손가락이 의미하는 것은 '자유'와 '민주주의' 그리고 '선거'라고 한다.

흔히 '역사는 발전한다.'라고 말한다.

그것은 자유와 민주주의의 확대과정이라고도 할 수 있을 것이다.

그래서 21세기에 군부 쿠데타가 일어난다는 것은 무척 특이한 현상이라고 할 수밖에……

무장한 군인과 경찰은 어린 청소년과 배우, 작가, 의료진들까지 닥치는 대로 잡아가고, 폭행을 가하며 조준사격까지 하면서, 4월의 하순인 지금 7백 명이 넘는 시민이 목숨을 잃었다고 한다.

시위에 나가면서 아버지에게 인사를 하고 떠나는 미얀마 어느 청년의 모습은, 중국과 러시아가

사실상 쿠데타 군부를 지지함으로써, 아무런 도움도 못 주는 국제사회의 무기력함과 대비되면서 더욱 슬프게 다가오는 것 같다.

미얀마 국민들은 말하기를, 그들의 민주화투쟁이 성공하면 한국처럼 되고, 실패하면 북한과 같이 될 거라고 한다.

여전히 문제가 많긴 하지만 독재에 특히 군사독재에 저항하면서 민주화를 달성하고, 산업화에도 성공한 한국이 어쩌면 지금의 미얀마 국민들에겐 롤모델이 되고 있는지 모른다.

아무튼, 군부 쿠데타 세력에게 처참하게 짓밟힌, 2021년 미얀마의 봄이 진정한 미얀마의 봄으로 부활하기를 진심으로 기원하고 싶다.

프레디 머큐리와 배호

영화 [보헤미안 랩소디]를 두 번째 보고 나왔다. 처음 볼 때는 주변의 얘기를 듣고 궁금해서 보았고, 두 번째 볼 땐 무엇 때문에 그 영화를 그렇게 관객들이 좋아하는가, 궁금해서 보았다.

그리고 퀸의 프레디 머큐리와 한국의 트로트 가수 배호가 여러 면에서 닮은 점이 있다고 생각하게 되었다.

두 사람 모두가 대중에게 잘 알려진, 여전히 마음을 울리는 노래를 남겼다는 것이 첫째요.

프레드 머큐리가 45세라는 비교적 짧은 나이에 갔고, 배호는 29세의 짧은 생으로 청춘만을 살다 갔다.

태어난 시기도 배호가 1942년이고, 프레디 머큐리가 1946년으로 비슷한 시기에 태어났다.

사실 나는 영화 [보헤미안 렙소디]를 보기 전까지는 퀸에 대해 알지 못했다.

특히 1980년대 중반까지 주로 활동한 퀸의 존재는 어쩌면 관심 밖이었는지도 모른다.

퀸의 프레디 머큐리는 영국이 주요 활동 무대였지만, 제3세계 출신으로서 가난한 무명시절을 보낸 소수자이기도 했다.

가수 배호 역시 대학은 말할 것도 없고 고교 졸업장도 받지 못한, 대중에게 잘 알려지기까지는 8년 동안 점심도 제대로 먹지 못하고 음악 활동을 한 가수였다.

활동 시기는 배호가 1960년대였다면, 프레디 머

큐리는 1970년대에서 1980년대라는 점이 좀 다를 뿐이다.

프레디 머큐리가 에이즈로 비교적 짧은 생을 살다 간 것처럼, 배호 역시 신장염으로 일찍 세상을 떠났다.

또한, 두 사람 모두 세상을 등진 이후에도, 대중들에게 그들의 노래가 여전히 대단한 사랑을 받고 있다는 점도 공통점이라 할 수 있다.

들리는 바에 의하면 요즈음 트로트의 붐을 타고, 프레디 머큐리의 [보헤미안 랩소디]처럼 배호의 노래와 일대기가 영화로 제작될 거라고 하여 기대해 본다.

일감호의 비둘기

나의 모교는 아니지만, 대학 시절부터 종종 찾아갔던 건국대 캠퍼스 내 일감호를 오랜만에 다시 찾았다.

호숫가 벤치에 앉아 있으면, 복잡한 생각들이 조금씩 정리되는 것 같고 마음이 홀가분해지기도 하여 가끔 찾아가곤 했었다.

도심 가운데 이런 호수가 있다는 건 대학의 캠퍼

스니까 가능하리라 본다.

구! 구! 구! 하며 먹이를 찾는 비둘기에게 과자 부스러기를 던져 주었더니, 비둘기뿐만 아니라 참새들까지 날아들어 잽싸게 부리로 낚아채 달아난다.

지금은 스님이 되었지만, 친구가 다니던 학교라서 이곳에 오면 친구 생각이 난다.

꽤 현실 참여적이었던 그 친구는 일찍 결혼하여 딸자식도 있었다.

어느 여름날인가, 자격증 하나를 따기 위해 절간으로 공부하러 간다고 떠난 후, 1년 정도 지나서 전화 한 통이 왔었다.

"나! 머리 깎았다!"

지금 어디냐고 물었더니 강남고속버스터미널이라고 했다.

우리는 그렇게 다시 만나 그날 저녁 생맥줏집에서 실컷 마셨던 기억이 난다.

나와 같은 중생이 스님의 깊은 뜻을 헤아릴 수야 없겠지만, 어차피 인생이란 어느 유행가 가사처럼 빈손으로 왔다가 빈손으로 가는 것이라면, 그 친구의 마음을 지금은 충분히 이해할 수 있을 것 같다.

오늘도 일감호는 초봄 오후의 따사로운 햇빛을 받으며, 남녘에서 불어오는 바람으로 잔물결이 일고 있다.

모란꽃

모란이 피기까지는 나는 아직 나의 봄을
기다리고 있을테요.
모란이 뚝뚝 떨어져 버린 날
나는 비로소 봄을 여읜 설움에 잠길테요.
5월 어느 날, 그 하루 무덥던 날……

-김영랑, 〈모란이 피기까지는〉

오월 어느 날부터인가, 담장을 마주한 이웃집 정원에 모란이 활짝 피기 시작했다.

장미가 서양의 꽃이라 한다면 동양에는 모란이 있다.

그래서 모란을 화중지왕(化中之王) 즉 꽃 중의 꽃이라고도 부른다.

모란은 원래 중국에서 사랑받던 꽃으로, 우리나라에 들어온 것은 신라 시대라고 한다.

고려로 넘어오면서 미인을 상징하고 부귀영화를 소망하는 꽃이 되면서, 더욱 사랑을 받게 되었다.

이렇듯 대대로 사랑받는 모란을, 시인 김영랑은 봄의 절정으로 상징화하면서, 환희와 절망의 기다림으로 승화시키고 있는 것 같다.

또한, 김영랑은 이렇게 낭만적인 탐미주의 시를 쓰면서도, 3·1운동 때는 일본 경찰에 체포되어 6개월간 옥살이를 하기도 했다.

그리고 일제 말기에는 창씨개명과 신사참배를

거부하기도 하면서, 현실 참여적인 삶을 살았다고 한다.

하지만 그의 시를 사랑하는 일반 독자들에게는 잘 알려지지 않은 사실이기도 하여, 조금은 흥미로운 것 같다.

산책길

나는 종종 망우리 공원을 한 바퀴 돈다,

걷기 운동 겸 산책을 하는 것이다.

내가 사는 곳에서 가깝기 때문이기도 하지만, 애초에 가졌던 선입견에 비해 꽤 좋은 산책 코스이기 때문이다.

근심을 잊어버린다는 뜻의 망우(忘憂), 공원의 포장된 길을 한 바퀴 돌고 나면, 2시간가량 소요된다.

이곳 망우리 공원에는 수많은 묘지가 있지만, 그 중에서도 특히 예술가와 민족 지사들이 많이 묻혀 있는 것 같다.

'백치 아다다'의 소설가 계용묵, '황소'로 대표되는 현대화가 이중섭 그리고 '낙엽 따라 가버린 사랑'의 가수 차중락, '목마와 숙녀'의 시인 박인환 등이 묻혀 있다.

뿐만 아니라 초대 농림부 장관을 지내며 토지개혁을 완수한 조봉암, '어린이날'의 방정환, '님의 침묵'의 한용운과 함께, 3.1 운동 당시 민족 대표였던 오세창 등 한국 근 현대사의 유명인사 50여 명이 묻혀 있는 곳이다.

이곳 망우리 공원을 한 바퀴 돌 때마다, 나 또한 삶과 죽음에 대해서도 적지 않은 생각을 하게 되는 것 같다.

어떻게 죽을 것인가는 결국 어떻게 살 것인가의 문제와 맞닿아 있기 때문이다.

사람이 한세상을 살면서, 꼭 이름을 남기고 가야

한다는 생각을 가질 필요는 없겠지만 삶을 나름대로 가치 있게 보낼 필요는 있지 않을까 생각하게 된다.

석촌 호수

나 홀로 석촌 호숫가를 거닐어 본다.

호숫가에 철쭉꽃들이 활짝 피었다.

나는 가끔 이렇게 휴일 오후면, 적적함을 달래려고 석촌 호숫가를 두어 바퀴 돈다.

그러면 시원한 호수의 바람과 함께 하루의 운동량도 채우게 된다.

석촌 호수는 1930년대엔 송파 나루터가 있었던

곳이고, 1960~70년대의 개발기를 거쳐

오늘의 석촌 호수가 되었다고 한다.

지금은 전통 공연장이 있고, 송파 산대놀이가 전승돼 오던 송파 나루는 조선 후기 전국에서 가장 큰 향시 중의 하나였던, 송파장이 서던 곳이라고도 한다.

호숫가에 설치된 피아노에선, 누군가가 치는 고전음악이 감미롭게 들려오고 있다.

백남준의 아방가르드

며칠 전에 창신동에 있는 백남준 기념관을 다녀온 적이 있다.

그리 넓지 않은 한옥에 작은 카페도 있어, 기념관을 둘러보고 차도 한잔할 수 있어서 좋았다.

기념관에는 백남준의 일대기와 그의 예술적 특징이 간략하게 벽에 붙어 있었다.

백남준은 비디오 아티스트로서 아방가르드, 즉

전위 예술가로 널리 알려져 있다.

무엇이 이토록 백남준을 세계적 예술가로 만들었는지 궁금하기도 했다.

분명한 사실은, 백남준은 항상 기존의 관성을 깨뜨리고, 작품의 소재와 대상 및 사물에 대한 인식의 측면에서 늘 새로운 관점으로 무언가를 보려 했다는 것이다.

즉 그것은 아방가르드 정신에 있었던 것이다.

로마의 휴일

고교 시절 보고 나서 그야말로 오랜 시간이 지나, EBS의 '세계의 명화' 시간에, 윌리엄 와일러 감독, 오드리 헵번 주연의 [로마의 휴일]을 다시 보았다.

너무나 대중에게 친숙하고 잘 알려진 영화지만, 그 시절 주체할 수 없는 감동으로 잠을 이루지 못했던 기억이 떠오른다.

당시 24세의 오드리 헵번에게 아카데미 여우주

연상을 안겨 준 이 영화는 [사브리나], [티파니에서 아침을]과 함께, 그녀를 일약 세계적인 스타로 자리매김하게 했다.

[로마의 휴일] 이후, 당시 전 세계 수많은 여성들이 오드리 헵번을 닮으려 했다고 한다.

왕실의 딱딱하고 빡빡하게 짜인 스케줄에 싫증과 피로를 느낀 앤 공주가, 남몰래 거리로 뛰쳐나와 잠이 들게 되면서부터 이 영화는 시작된다.

그리고 그곳을 지나가는 죠 브레들리라는 기자의 눈에 띄게 된다.

그날 밤, 갈 곳 없는 앤 공주는 죠 브레들리 방에서 하룻밤을 묵게 된다.

죠 브레들리는 신문에 실려 있는 앤공주와, 잠이 든 아가씨가 동일인임을 알아채고 기자로서 특종감이라 생각하여, 이를 보도해 돈을 벌 생각을 한다.

그다음 날 하루를 앤 공주는 죠 브레들리와 함께, 여태껏 누려보지 못했던 즐겁고 자유스러운 평범한 로마시민의 일상을 만끽하게 된다.

그렇게 하룻 동안, 정이 든 두 사람은 서로가 돌아가야 할 본래의 자기 세계로 떠나게 되면서, 이 영화는 막을 내린다.

하지만 마지막 왕실 기자 회견장에서 만난, 앤 공주와 죠 브래들리는 아쉬운 미련의 정을 남기면서 이별의 절제된 미학을 보여준다.

모든 예술이 지향하는 바가 그러하듯이, 자유를 향하는 인간 내면의 목소리를, 흑백 필름의 차분한 영상으로 절제 있게 표현한 감독과 배우에게, 찬사를 보내지 않을 수 없을 것 같다.

또한, 팍팍하고 세파에 찌든 현대인에게 한편의 사막의 오아시스 같은 영화가 아닐까 싶다.

오드리 헵번은 영화배우로서만이 아니라, 실제 삶에서도 특히 아프리카 기아들을 돕는 유니세프 활동을 통해 아름다운 삶을 살다 간 미인이었음을 결코 잊을 수 없을 것 같다.

강변의 들꽃

제2부

모차르트 교향곡

퓌라모스와 티스베

사랑에는 해피 엔딩이 있지만, 결말이 비극적으로 끝나는 것이 사람에게 더 감동을 주는지도 모른다.

흔히 로미오와 줄리엣의 사랑이 많이 언급되지만, 그리스 로마 신화의 퓌라모스와 티스베의 이야기가 모태가 된 것이 아닐까 생각된다.

내가 군대 생활 할 때의 이야기다.

부사관 학교 조교로 있으면서 후보생들과 야간 교육을 할 때, 쉬는 시간 짬을 내어 피로를 풀 겸 종종 퓌라모스와 티스베에 관한 이야기를 하곤 했다.

옛 바빌로니아에 퓌라모스와 티스베라는 미남 미녀가 있었다.

두 사람은 열렬히 사랑했으나 집안의 반대에 부딪힌다.

두 남녀는 벽을 사이에 두고 그 틈 사이로 사랑의 언어를 주고받다가, 묘안을 하나 생각해낸다.

집을 뛰쳐나와 니노스라는 무덤이 있는 들판의 나무 아래서 만나기로 약속한 것이다.

이윽고 티스베가 먼저 와 그 나무 아래서 기다리던 중, 갓 짐승을 잡아먹은 사자 한 마리가 나타난다.

티스베는 얼른 바위틈으로 몸을 숨긴다.

그 와중에 그녀가 쓰고 있던 베일이 벗겨지고, 사자는 피묻은 입으로 베일을 찢어 버리고 만다.

뒤늦게 약속 장소에 나타난 퓌라모스는 티스베

의 피 묻은 베일을 발견한다.

그리고 티스베가 사자에 물려 죽은 줄 알고, 그녀 없는 세상은 삶의 의미가 없다고 생각하여, 차고 있던 칼을 뽑아 그 뽕나무 아래서 자결하고 만다.

한편 다시 나타난 티스베는 퓌라모스가 자기 때문에 죽었다고 생각하고, 퓌라모스의 칼로 가슴을 찔러 자결한다.

이때 두 사람의 피가 뽕나무에 튀어, 원래 흰 색깔이었던 뽕나무 열매가 붉은 색깔로 변하고 말았다.

물론 오늘날 이러한 사랑의 이야기는 신화 밖에서는 좀처럼 언급되기 어렵겠지만, 이기적이고 각박한 세태 속에서 시간과 공간을 초월해 여전히 잔잔한 울림을 주는 것 같다.

모차르트 교향곡

봄이 막바지에 이르고 제법 따가운 햇볕이 창문에 부딪히는 일요일 오후다.

F.M 라디오에서는 모차르트 교향곡 40번과 41번이 흘러나오고 있다.

음악적 재능이 거의 없는 나에게, 그래도 음악 듣는 것을 좋아하는 것만은 축복인 것 같다.

특히 서양 고전음악은 마니아에 가깝다고 해야

할지도 모른다.

방 안에 있을 때는 온종일 클래식 음악을 틀어놓고 지내기도 한다.

그러나 내가 고전음악을 좋아하게 된 계기는 나름대로 사연이 있는 것 같다.

그중에서도 특히 모차르트 교향곡 40번과 41번은 기억이 또렷하다.

대학 2학년 때의 일이었다.

2학기 개강을 며칠 앞두고, 신촌에서 친구와 만나기로 약속을 하여 기다리던 중, 기침을 계속했는데 목에서 뭔가 자꾸 넘어오는 것 같았다.

손으로 훔쳐보니 모두 새빨간 피였다.

너무 놀라서 황급히 택시를 잡아타고 당시 내가 살던 성남까지 달려, 병원에서 엑스레이를 찍어보니 폐결핵 중증 3기라고 했다.

지혈될 때까지 병원에 입원하여 있다가, 이후 집에서 투병 생활했는데(물론 학교는 휴학을 했다) 그때 방안에 누워 할 수 있는 것이라곤 음악 듣는 것밖에 없었다.

아무튼, 그러면서 음악의 효용성은 톡톡히 누렸다고 해야 할까?

2년여 동안 폐결핵이 완치될 때까지, 나에겐 음악이 가장 친근한 친구가 되었던 것이다.

모차르트 교향곡 40번과 41번, 그 곡은 학창시절 나의 어두웠던 기억과 함께 언제 들어도 좋은 곡인 것 같다.

'최고'보다는 '최중'

재미 한인 정이삭 감독의 영화 '미나리'로, 한국 영화 역사상 최초로 오스카 여우조연상을 받은 배우 윤여정 씨에 대해, 특히 그녀의 수상 소감이 화제가 되고 있어 흥미롭다.

영화 인생 50여 년, 74세의 나이에 이런 상을 타게 된 그녀는 고 김기영 감독의 영화 '화녀'로 데뷔하여 지금까지 수많은 작품에 출연하였다.

그러나 그녀는 연기 생활의 많은 부분을 더구나 이혼 후에는, 두 아들을 키우기 위해 생계 수단으로 해왔다고 고백하기도 했다.

하지만 수상 소감 중 단연 으뜸으로 여길만한 대목은 겸손함과 솔직함 외에도, 어느 기자의 질문에 "난 '최고' 이런 말이 참 싫다. 너무 1등, 최고 그러지 말고 '최중'되면 안 되나……"라는 말이 아니었는가 한다.

특히 문화예술이나 스포츠에 있어서, 최고만이 추앙받고 칭송하는 세태에 대한 날카로운 지적일 수 있으나, 이것은 비단 여기에만 국한되지는 않을 것이다.

물론 최고나 1등은 칭송받아야 한다.

그러나 2등, 3등, 4등, 아니 꼴찌도 함께 존중받아야 한다.

배우 윤여정의 말의 본뜻은 뭐 이런 게 아니었을까?

에릭 요한슨의 사진 전시회

아시아 최초로 스웨덴 출신의 초현실주의 작가 에릭 요한슨의 사진 전시회가 예술의 전당에서 열렸다.

전시회를 보기 위해 기다리는 긴 줄을 따라 나도 그 행렬에 섰다.

이번 전시회의 표제는 불가능의 가능(imposible is posible)이었다.

불가능이 가능해지는 상상의 세상 그것은 양털

이 구름이 되고, 정경은 조작되며, 현실은 왜곡되는 이것이 바로 에릭 요한슨의 작품 세계라고 한다.

그는 말하기를 '상상하는 것을 멈추지 말고, 정해진 규칙에 의문을 가져보세요! 그리고 도전하는 것을 두려워 마세요!'라고 했다.

그에게 있어 작품을 만든다는 것은 불가능한 장면을 포착하여, 불가능을 가능으로 만드는 것이었다.

국민 영웅 '달관이'

충북 청주에서, 가족과 함께 산행하다가 실종된 중학생이 열흘 만에 구출된 사건이 있었다.

알다시피 그 여중생 조 모양을 구출한 건 다름 아닌 군견 '달관이'였다.

'달관이'는 육군 32사단 기동대대 소속 수컷 셰퍼드로, 다른 군견 세 마리와 함께 경찰과 소방관이 수색하고 지나간 지역에서 조양을 찾아냈던 것이다.

조양이 발견된 곳은 매우 험준하고 수풀이 우거진 곳이었으며, 발견 당시 생존 가능성이 희박하다고 할 정도였다고 한다.

발견된 후 곧바로 병원으로 이송돼 몇 날 안정을 취한 뒤, 조양은 건강한 몸으로 퇴원했다고 한다.

평소에 개를 그다지 좋아하지 않던 나에게도, 이 사건은 앞으로 개에 대한 태도 변화를 가져오지 않을까 했다.

오로지 주인에게만 충성을 다하고, 짖으라면 짖고 물라면 무는 개의 행태를 평소 못마땅하게 생각했던 나에게, 이번 '덜관이' 사건은 개에 대해 어느 정도 인식의 전환을 가져다주기에 충분했다고 할 수 있을 것 같다.

그리고 이젠 죽은 개를 두고 장례를 치르는 사람들의 마음도, 어느 정도 이해할 수 있을 것 같았다.

동부시장의 노부부

얼마 전, 일이 있어 중랑 동부시장엘 갔었다.

나는 지금의 망우동으로 이사 오기 전까지 동부시장 근처에서 3~4년 살았다.

그땐 그곳에 자주 들렀었고, 특히 지하철 중랑역으로 갈 때면 반드시 지나쳐야만 했었다.

그런데 그 시장통을 오갈 때마다, 항상 눈에 띄는 사람이 있었다.

시장 입구 편의점 바로 옆에서 노점을 하는 80대 중반쯤의 노쇠한 할머니와 할아버지였다.

파라솔 아래서 주로 여자 옷가지를 파는 할머니는 완전 꼬부랑 할머니였다.

할머니가 장사하고, 저녁 무렵이면 할아버지가 와서, 파라솔을 걷고 상자 안에 물건을 차곡차곡 쌓아 도난당하거나 비에 젖지 않도록 덮개를 씌운다.

그리고 노부부는 나란히 귀가한다.

거의 2년여 만에 다시 찾은 동부시장, 지금도 그 할머니 할아버지가 장사하고 있는지 궁금했다.

아! 그런데 여전히 그 파라솔 아래 할머니가 보였다.

그리고 해 질 무렵이어서인지 얼마 후 할아버지도 나타났다.

할머니는 햇볕 쨍쨍 쏟아지는 늦여름의 하루 장사를 끝내고, 할아버지와 함께 물건들을 정리한 후 과거 여느 때처럼 나란히 시장통을 걸어 나갔다.

바람이 세게 불면 금방이라도 날아갈 것처럼 가냘프고 노쇠한, 그 노부부의 뒷모습을 나는 그냥 말없이 바라보았다.

부자들의 습관

어떤 책을 찾으려고 책더미를 뒤지다가, 오래전에 읽다 쌓아둔 작은 문고판 한 권이 눈에 들어왔다.

전 세계에 3천만 권이 팔렸다는 자기계발서 '부자들의 습관'이라는 책이었다.

그 책을 다시 한번 펴보았다.

예전에 밑줄 친 문장 중에서 하나가 돋보였다.

'인생에서 실패하는 사람들은 대부분 심리적으로

패배한 사람들이다.

다른 사람처럼 성공하지 못할 거라는 믿음이, 자신감에서 비롯되는 열정과 판단력을 앗아가고, 그리하여 그들은 시도조차 제대로 하지 않는다.

스스로가 할 수 없다고 생각하는 일을 해주는 철학 따위는 없다.'

나는 지기계빌서란 책들을 그다지 좋아하진 않지만, 지금도 이 문장 만큼은 수긍이 간다.

굳이 절망에 빠져 모든 것을 포기하고, 밤낮없이 술만 마시는 서울역 뒷편의 노숙자가 아니더라도 이 글귀는 우리네 일상인에게도 충분히 해당한다고 생각하기 때문이다.

발걸음 하나에……

8월 말의 휴일 오전, 등산 가방을 메고 망우리 공원엘 올랐다.

겨우내 앙상했던 활엽수 가지들이 온통 울창한 녹색으로 변해 있었다.

공원 산책로를 반쯤 돌고 나서, 터닝하여 최초의 방향으로 되돌아올 즈음, 3~40미터 앞에서 힘겹게 한 걸음 한 걸음 내딛고 있는 남녀 어르신이 보였다.

암만해도 내 발걸음이 빨랐기 때문에, 그 두 노인을 지나치게 되었다.

70대 중반쯤으로 보이는 두 어르신 중에, 여자분은 팔 한쪽을 못 쓰는 불구 상태로 보아 뇌졸중을 겪으신 분으로 생각되었다.

두 분 모두 한 손으로 등산용 스틱을 짚고서, 여자분은 남자의 팔에 의지해 힘겨운 발걸음을 하고 있었다.

약간 경사가 있는 오르막길이라서, 더욱 숨찬 발걸음을 하고 있는 노부부의 그 한 걸음 한 걸음엔, 두 사람만이 지나온 삶의 애환과 애정이 녹아들어 있는 것 같았다.

A.I 판사

얼마 전, 북유럽 발트 3국 중 인구 130만의 작은 나라 에스토니아에서, 민사 재판에 A.I 판사를 도입할 예정이라는 뉴스를 본 적이 있다.

물론 한화로 950만 원 이하의 재판에서만 그렇게 하겠다는 단서가 있긴 하지만……

이제 드디어 A.I가 우리의 지식 서비스 영역까지

인간의 노동을 대체하나 생각하니 놀랍기도 하고 한편으론 두려운 생각이 들기도 했다.

따라서 앞으론 A.I와 같은 로봇을 소유한 소수의 사람과 그 로봇에 의해 직장을 잃은 수많은 실업자로, 세상은 채워지리라 생각된다.

그렇다고 기술 발전은 인위적으로 억제할 수도 없는 노릇이다.

물론 4차 산업 혁명에선 그만큼 새로운 일자리가 많이 생겨, 큰 걱정을 하지 않아도 된다고 말하는 사람도 있다.

어느 쪽 말이 맞는지는 그때 가봐야 알겠지만, 그냥 손 놓고 놔둘 일은 아니라는 생각이 든다.

어떤 학자는 앞으로 인간보다 더 영리하고 똑똑한 로봇이 출현하여 인간을 심판하는 날이 올 거라고도 한다.

그렇게 되면 인간이 만든 기계에 의해, 문명의 극단과 현생인류의 종말을 의미하는 사태가 도래하게 된다고 생각하는 것은 마냥 기우가 될까?

체념과 희망 사이

방송을 통해서이긴, 하지만 오랜만에 재미있는 영화를 보았다.

이미 오래전에 개봉 및 재개봉까지 된 바 있는 '쇼생크 탈출'이라는 영화였다.

스티븐 킹의 단편 소설 '리타 헤이우드와 쇼생크 탈출'을 원작으로 한 이 영화는 프랭크 다라본트 감독이 연출했고 팀 로빈과 모건 프리먼이 주연을 맡았다.

한때 촉망받던 은행의 부지점장 '앤디'는 아내와 그 애인의 정사 장면을 보고 그들을 살해한 혐의로, 종신형을 선고받고 교도소에 수감되면서 영화는 시작된다.

강력범들이 수감된 이 교도소는 그만큼 살벌한 분위기이다.

재소자들은 간수들에 의해 짐승 취급을 받는다.

처음엔 적응을 못 하던 '앤디'도, 교도소 내에서 어떤 물건이든 다 구해준다는 '레드'를 만나면서 점차 적응해 간다.

'앤디'는 '레드'에게 작은 망치 하나를 구해달라고 한다. '레드'는 말하기를 이것으로 벽을 뚫어 탈옥히려면 육백년노 더 걸릴 것이라고 한다.

"희망은 위험한 거야! 그냥 이곳 생활에 만족해……"

그렇다! 종신형을 선고받고 교도소에 수감된 죄

수들에게, 희망 이란 단어는 말 그대로 위험한 것일 수 있다.

그러나 '앤디'는 살인자의 누명을 쓰고, 억울한 옥살이를 하고 있다는 자기만의 '진실'이 있었던 것이다

그는 회계업무를 봐주면서, 교도소 내의 간수들은 물론 교도소장에게까지 신임을 얻어 간다.

그리고 비가 쏟아지던 어느 날, '앤디'는 '레드'가 육백 년도 더 걸릴 거라고 했던 말과는 달리그 작은 쇠망치로 여배우 포스터로 가려진 벽에 커다란 구멍을 내어, 20년 만에 탈출을 기도한 것이다.

'앤디'는 축구장 크기의 네 배가 넘는 하수구를 기어 마침내 탈출에 성공한다.

하수구 밖 세상으로 나오는 순간, 억수 같이 쏟아지는 비를 맞으며……

'앤디'가 만일 절망적인 상황에 체념했더라면 어떠했을까?

그러나 '앤디'는 자기가 무죄라는 진실이 있었기

에, 언젠가는 탈출하리라는 희망을 간직할 수 있었던 것이다.

체념과 희망 사이에 '진실'이라는 그 무엇이 있었기 때문이다.

니체의 '사랑'

사랑은 사람 안에 있는 아름다움을 발견하고
그 아름다움을 계속 주시하려는 눈을 가지고
있다.
사랑은 사람보다 높은 차원으로 이끌려는
욕구를 지니고 있다.

-프리드리히 니체-

대학 시간 강사 시절 알고 지냈던, 제자 겸 후배로부터 전화가 왔다.

"선생님 잘 계세요? 생각나서 전화 드렸어요!"

그 시절 여름 방학 어느 날인가, 내가 경기도 가평의 대성리 근처의 절간에서 여름철 한두 달을 지낼 때였다.

저녁 식사를 마치고 날도 어두워지고 사방은 캄캄한데, 한 사내가 조금 헐떡거리며 나를 찾아왔다.

이 밤에 찾아온 얘기를 들은즉, 학과 선배들로부터 구타가 심해 도저히 학교 다닐 맛이 없다고 했다.

신생 연극영화과라서 그런지 교수님들은 별 관심도 없고 해서, 시간 강사인 나를 찾아왔다는 것이다.

나도 어쨌든, 대학교정에 그런 군사문화가 뿌리내리는 것은 안된다는 생각에 그 학생의 얘기를 들어주기로 했다.

대신 하나의 전제가 있었다.

경우에 따라선 그 학생 자신이 희생할 각오가 돼 있어야 한다고 했다.

이후 구타 사건이 또 발생하면서, 그 학생의 용감한 희생정신으로 은밀하게 행해지던 것들이 공개적으로 크게 사건화가 됐고, 그 이후 구타는 거의 없어졌다는 얘기를 들은 적이 있었다.

그로부터 꽤 시간이 흘렀건만, 그 학생과 나는 사제지간 이상으로 친근해졌다.

그리고 5~6년 전 어느 날 전화가 왔다.

"선생님! 저 결혼해요." 궁금한 김에 어떤 여자냐고 물었더니, 대학교수라고 했다.

나는 좀 의외라고 생각했다.

그 친구는 부모도 일찍 돌아가시고, 형제라곤 여동생 하나뿐이며, 가진 것도 없었고 직장도 변변치 못했다.

쉽게 말해 목구멍에 풀칠하기도 쉽지 않은 처지

였다.

그러나 소위 남자다운 줏대나 정의감은 있었다.

이거다 싶으면 앞뒤 가리지 않고 밀어붙이는 뚝심같은 건 있는 편이었다.

몇 년 전에는 아들도 낳았다고 하면서 행복해하는 것 같았다.

나는 오늘도 그 친구를 생각하며, '니체의 말' 중에서 사랑에 대한 이 문장을 다시 음미해본다.

'솔개'와 '매'의 싸움

어릴 적 시골 들판, 공중에서 매와 솔개가 싸우는 것을 본 적이 있다.

그런데 그 싸우는 장면이 지금도 생각하면, 쉽게 이해가 되지 않는 게 있었다.

분명히 솔개가 매보다는 몇 배 컸지만, 매의 공격을 받고 결국은 쫓겨 도망가는 모습을 보았기 때문이다.

어쨌든 그건 좀 신기한 기억으로, 지금도 나의 뇌리에 생생하게 남아 있는 것 같다.

그런데 지금 찬찬히 다시 생각하면 특이한 점이라면, 매는 솔개보다 항상 높은 공간에 떠있었고 공격도 솔개보다 위에서 아래로 하는 것이었다.

그리고 매는 허공에서 날개를 거의 움직이지 않고, 솔개보다 높은 위치에서 마치 정지된 상태로 있는 것 같았다.

말하자면 공간을 점유하는 날갯짓이 달랐던 것이다.

그 때문에 솔개는 넝치는 크지만, 그런 매를 아래에서 위로 공격하기가 어려웠던 것 같았다.

그래서 몸통은 작아도 높이 나는 매가, 몇 배 큰 솔개보다 싸움에서 유리할 수밖에 없었던 것이다.

이것은 비단 솔개와 매의 싸움에서뿐이겠는가?

'스타 소프라노'가 된다는 것

언젠가 노래로서 현대인의 스트레스를 풀어주고 싶다고 했던, 소프라노 조수미에 대해 두어 차례 TV에서 연속 방영된 것을 본 적이 있었다.

그녀는 명실공히 세계적 명성을 얻고 있는 월드 스타이다.

그런 그녀가 스타 소프라노가 되기 위해선, 얼마나 많은 노력과 또 일상에서 누리는 것들을 포기해야 했던가를 생생하게 들려주었다.

예술가로서 세계정상에 오른다는 것은, 천부적인 재능도 있어야 하지만 그에 걸맞은 끊임없는 노력이 있어야 한다는 것도 말해 주었다.

그리고 기적처럼 찾아온, 사람 사이의 인연의 중요성에 관해서도 이야기했다.

그녀는 명문대 음대를 수석 입학하고도, 첫사랑의 캠퍼스 커플을 만나 온통 그 달콤함에 빠져 학과에서 맨 꼴찌가 된다.

결국, 그 당시에 있었던 졸업 정원제에 걸려, 학교를 제적당하고 유학길에 오를 수밖에 없었다고 했다.

그러나 그녀는 첫사랑의 K가 보낸 이별의 통보를 받고, 3개월만 유학을 하고 귀국하려고 했던 애초의 계획을 접고서, 음악을 위해 로마에 그대로 남기로 결정한다.

그리고 가정이 넉넉하지 못했기에 절약하면서, 5

넌 과정의 이탈리아 명문 '산타체칠리아 음악원'을 2년 만에 마친다.

그 후 헤르베르트 폰 카라얀과의 그야말로 운명적인 만남을 통해, 동양인으로서는 최초로 오페라계의 프리마돈나로 화려하게 등극하게 된다.

그리고 마침내 그녀는 세계 오페라계의 주역으로 떠오른다.

그러던 중 브라질 공연 때 친구 따라 찾아갔던 어느 빈민촌의 비참한 참상을 목도하고, 자신의 음악으로도 할 수 없었던 새로운 현실에도 눈뜨게 된다.

그래서 줄곧 해왔던 화려한 무대만이 아니라 노래로서의 현실 참여도 하게 됐다고 말한다.

은퇴 후에는 온몸으로 비를 흠뻑 맞고 싶다는 그녀는, 유학 첫날밤 영화 '로마의 휴일' 속의 스페인 광장에서 비를 맞을 때처럼, 다시금 일상의 자유도 함께 만끽하고 싶어 할는지 모르겠다.

호명 호수와 그림 카페

상봉역에서 춘천행 지하철을 타고 상천역에서 내려 호명 호수 가는 버스를 탔다.

무척 구불구불한 산 비탈길을 버스는 곡예 하듯이 올라갔다.

차창 밖으론 여름 중반의 우거진 숲 사이에서 불어오는 바람이 무척 상쾌했다.

산 정상에 오르니 해발 500여 미터 지점에 호수

가 시원하게 펼쳐져 있었다.

이런 산속에 호수가 있다니 신기하게 느껴지기도 했다.

경춘선 가는 길엔, 유원지가 몇 곳 있긴 하지만 호명 호수는 처음이었다.

가평 8경 중 하나인 호명호수는 수심 55미터로, 청평호로부터 물을 끌어 올려 만든 인공호수라고 한다.

호숫가엔 붉은 장미와 맨드라미가 함초롬히 피어 있었다.

이따금 불어오는 바람에 호수면은 잘 깎은 통나무 무늬처럼 잔물결이 일곤 했다.

호숫가를 절반쯤 걸어 돌았을 때 갑자기 휴대폰 벨이 정적을 깨뜨렸다.

받아 보니 얼마 전 우울증 걸렸다는 친구에게서 온 전화였다.

조용한 곳에서 살고 싶다고 서울을 떠나 시골로 내려간 지 몇 개월 안 됐지만 여러 가지로 편치 않다고 했다.

대개 사람들은 자기만의 고통이 가장 큰 고통이라고 여기는 경향이 있는 것 같다.

호숫가에 있는 카페로 들어갔다.

그곳에선 호수 전체가 한눈에 내려다보였다.

카페 안엔 많은 그림이 전시돼 있었다.

내 취향의 좀 분위기 있는 카페라고나 할까?

전시된 그림들은 카페주인이 손수 그린 것들이라고 한다.

호숫가의 그림 카페…… 커피향 내음도 무척 좋았다.

연극 관람

섬마을의 여름철이면, 해가 진 뒤 마을 사람들이 한 집에 모여 마당에 거적을 깔고 앉아 모닥불로 모기를 쫓으면서 연극을 본다.

그 당시 고향 마을은 모두 해봐야 40여 호, 지금은 대다수가 도시로, 서울로 이주하고 15호 정도만이 남아 있다고 한다.

연극이라고 해봐야 대청마루가 무대이고, 마을 청년 남자가 여자 역할까지 맡는다.

그리고 극 중간중간 해설이 곁들이는데, 당시 농어촌 사회에서 시집살이의 고단함을 줄거리로 하는 연극이었던 것으로 알고 있다.

극 중에서 여자 역할을 주로 맡았던 청년은, 평소 얼굴이나 목소리에 여성적인 면이 많아 여자 역할을 해도 그렇게 어색해 보이지 않았던 것으로 기억된다.

'~성애 성애 우리 성애 시집살이 왠말인가~'하며 흐느끼는 여자 역할을 한 그 목소리는 아직도 귀에 생생한 것 같다.

여기서 '성애'는 '형'의 사투리이다.

그러나 지금의 농어촌은 이미 오래전부터 옛날의 마을이 아니다.

내가 다니던 초등학교는 당시 한 학년에 2반까지 있었는데, 지금은 학생 수 부족으로 학교 자체가 사라지고 없다고 한다.

어쩌면 이제 우리는, 점점 고향을 잃어가고 있는 시대에 살고 있는 것이 아닌가 생각되기도 한다.

'카네기의 말'과 논쟁

가을의 한복판 햇빛 쏟아지는 오후, 종로에 있는 영풍 문고에 들렀다.

언제나처럼 신간 서적에 눈길이 갔다.

'카네기의 말'이라는 책이 보였다.

책을 들어 조금 살펴보니 좀 익숙한 말들이 있었다.

책을 사서 집에 돌아와 내용을 찬찬히 보았다.

그리고 방안의 책 꾸러미 속에서, 예전에 본 '카네

기 인간관계론'을 다시 꺼내 비교해 가며 보았다.

나처럼 대인관계에 좀 어눌한 사람에게는 도움이 되지 않을까 하는 생각이 들었기 때문이다.

그중에서도 논쟁에 관한 부분은 일반 상식과는 다른 좀 특이한 대목인 것 같았다.

"논쟁으로 이긴다는 것은 불가능하다. 지면 그냥 지는 것이고, 이겨도 지는 것이다.

논쟁하고 괴롭히고 반박하다 보면, 물론 승리할 때도 있을 것이다.

하지만 그 승리는 공허한 승리일 뿐이다.

그렇게 해서는 절대로, 상대방의 호의를 이끌어 낼 수 없기 때문이다."

그리하여 "논쟁에서 가장 좋은 유일한 방법은, 논쟁을 피하는 것이다."라고 했다.

그러나 물론, 나는 모든 논쟁이 다 필요 없다는 뜻은 아닐 거라고 생각한다.

때론, 공론의 장에선 치열하게 논쟁을 해야한다.

또한, 학술 영역에서의 논쟁이나 비평의 경우에도 마찬가지일 것이다.

하지만 대체로 일상의 인간관계에서는, 논쟁이 별 의미가 없다고 하는 데에는 공감하는 편이다.

얼마 전 어느 언론을 통해서, 예전에 인문 · 사회과학계에서 논쟁으로 꽤 유명한 한 인사가 지금은 매일 불상 앞에서 108배를 한다는 기사를 본 적이 있다.

물론 여러 이유가 있겠지만, 추측컨대 이 또한 모름지기 논쟁의 공허함을 느꼈기 때문은 아닐까 싶기도 했다.

더구나 논쟁을 위한 논쟁, 비판을 위한 비판은 말할 나위도 없을 것이다.

말장난 글장난의 공허함을 우리는 무수히 봐왔기 때문이다.

강변의 들꽃

제3부

파비앙 로즈

남이섬

춘천행 지하철을 타고 가평역에서 내려 버스를 갈아탔다.

그리고 작은 연락선으로 남이섬에 다다랐다.

남이섬을 꽤 오랜만에 온 것 같다.

드라마 '겨울연가'의 촬영지로도 유명한 이 작은 섬을, 나는 경춘선 무궁화호 열차를 타고서도 이따금 찾곤 했었다.

청평호 안에 둥실 떠있는 섬……

섬을 잇는 연락선엔 이날 따라 온통 중국말을 쓰는 관광객들로 가득차 있었다.

이렇게 외국 사람들도 많이 찾는 관광 명소가 된 남이섬은, 알다시피 20대에 병조판서까지 지낸 남이장군이라는 한 젊은이의 슬픈 개인사가 서려 있는 곳이다.

그가 쓴 시 한 수에 글자 하나 바꿔 역적으로 몰아 처형시킨, 당시의 비정한 권력 암투를 엿볼 수 있는 곳이기 때문이다.

섬 안에는 활짝 핀 코스모스가 바람에 가느다란 몸매를 살랑대고 있었다.

작은 동물원엔 아프리카 사막에서 잘 달린다는 타조가 커다란 몸집을 자랑하면서 웩웩거리고, 섬을 에워싼 북한강의 푸른 강물 위엔 수상스키가 날아가듯 달리고 있다.

하지만 남이 장군과 그를 둘러싼 권력 암투, 그 슬픈 역사를 우리는 반추하지 않을 수 없을 것 같다.

라
비
앙
로
즈

푸른 하늘이 우리들 위에
무너져 내려 앉을지 모르고,
대지가 허물어질지 모른다 해도
만약 당신이 나를 사랑해 주신다면
그런 것은 아무래도 좋아요

사랑이 매일 아침 내 마음에 넘쳐흐르고

내 몸이 당신의 손 아래서 떨고 있는 한

세상 모든 것은 아무래도 좋아요.

-에디트 피아프의 〈사랑의 찬가〉

토요일 오후엔 종종 흘러간 영화를 보기 위해서, 상암동에 있는 영상자료원엘 가곤 한다.

조금 멀기는 하지만 그래도 웬만한 영화는 볼 수 있어서 좋다.

며칠 전에도 그곳에서 영화 한 편을 보았다.

올리비에 다한 감독, 마리용 코티야르 주연의 '에디트 피아프' 일생을 다룬 프랑스 영화 '라비앙 로즈'였다.

에디트 피아프는 어린 시절 서커스 단원인 아버지를 따라 유랑 생활을 한다.

때로는 몸을 팔아 삶을 유지하기도 했던 그녀는, 어느 날 탁월한 노래 솜씨로 길거리 캐스팅되어, 파리의 클럽에서 대스타로 탄생한다.

이 과정에서 작고 왜소한 몸 때문에 '참새'란 뜻

의 '피아프'라는 이름을 갖게된다.

이후 그녀는 뉴욕 공연 때 만난 권투 세계 챔피언인 '마르셀 세르당'과 사랑에 빠진다.

마르셀은 이미 세 아버지의 유부남이었다.

마르셀이 권투시합을 하는 동안, 피아프는 링 밖에서 '마르셀! 마르셀! 하며 처절하리만큼 열렬히 응원한다.

그러나 이후 마르셀은, 피아프를 만나러 뉴욕으로 가던 도중 비행기 추락으로 죽게 되고, '사랑의 찬가'는 그런 연인을 잃은 슬픔과 고통을 노래한 곡이다.

그 후 에디트 피아프도 교통사고로 크게 다치고, 남편 '자크 필스'의 정성 어린 보살핌에도 간암으로 세상을 떠나게 된다.

영화 〈라비앙 로즈〉는 늦가을 단풍이 붉게 물든 망우리 공원 산책로를 거닐면서도, 에디트 피아프의 파란만장한 일생과 애절한 '사랑의 찬가'를 다시 떠오르게 하는 것 같다.

너무 늦은 시작

사람들은 말하기를 모든 것은 때가 있다고 한다. 맞는 말이다.

이삼십대에 해야 할 일, 사오십 중년에 해야 할 일, 그리고 육칠십에 해야 할 일이 있는 것이다.

여기에서 벗어났을 때엔 인생 여정에 언밸런스가 올 수도 있기 때문이다.

그런데 얼마 전 종로의 한 서점에서 '인생에서 너무 늦은 때란 없습니다.'라는 책을 한권 사서 보게 되었다.

내용인즉, 76세에 그림을 그리기 시작해서 101세 때까지 무려 1,600여 점의 그림을 그렸고, 화가로서도 성공한 '모지스'라는 미국의 한 할머니에 관한 자전적 글이었다.

모지스 할머니는 여러 고난을 겪으면서도, 70대 중반의 늦은 나이에 그림을 그리기 시작한다.

그리고 그녀는 말한다. '사람들은 내게 이미 늦었다고 말하곤 했어요.

하지만 지금이 가장 고마워해야 할 시간이라고 생각해요.

무엇인가를 진정으로 꿈꾸는 사람에겐, 바로 지금, 이 순간이 가장 젊었을 때이거든요. 시작하기에 딱 좋은 때 말이에요.'

모지스 할머니는 주로 일상의 평범한 소재인, '빨래 걸기' '마을 축제' '가족 소풍' 등등, 소박하고 단순한 삶에 대해 강렬한 향수를 불러일으키는 그림을 그리곤 했다.

그리고 80세에 첫 개인전을 열게 된다.

이후 88세에 미국에서 '올해의 젊은 여성'으로 선정된다.

93세에 '타임'지 표지를 장식하는가 하면, 그녀의 100번째 생일은 '모지스 할머니의 날'로 지정되고, 트루먼 대통령으로부터 표창장을 받기도 했다.

그리고 존 F, 케네디 대통령은 그녀를 미국인의 삶에서 가장 사랑받는 인물로 칭했다.

모지스 할머니는 이처럼 너무 늦게 시작했지만, 성공한 인생을 통해 우리에게 '시작'에 한계를 둔다는 것은 어쩌면 무의미하다는 걸 보여주는 게 아닌가 생각된다.

어느 여배우의 현실참여

올해 팔순을 넘은 미국의 여배우, '제인 폰다'에 관한 이야기가 신선한 충격을 주고 있다.

고령임에도 불구하고, 기후 변화 문제와 환경 보호의 중요성을 설파하고 있는, 제인 폰다의 현실참여는 멀리 베트남 전쟁에 대한 반전운동에까지 맞닿아 있다.

그리고 그녀는 여성, 장애인 등 소수자 인권 운동

에도 목소리를 내고 있다.

특히 기후환경 문제에 대해서는, 스웨덴의 환경운동가 툰베리 소녀에게 깊은 감명을 받았다고 한다.

금발의 미녀로 잘 알려진 제인 폰다는, 아버지 헨리 폰다 그리고 1960년대 아메리칸 뉴시네마 운동을 이끌었던 남동생 피터 폰다 가족의 일원이다.

1971년에 제인폰다는 영화 〈클루트〉로 첫 번째 아카데미 여우 주연상을, 그리고 1978년에는 반전 영화 〈귀향〉으로 두 번째 아카데미 여우 주연상을 받게 된다.

그녀는 2004년에는 미국에서 '세상을 바꾸는 일곱' 중 한 사람으로 선정되어, '21세기 여성 리더상'을 수상하기도 한다.

또한, 최근에는 빅 홀더먼 감독의 영화 〈북 클럽〉을 통해 노익장을 과시하기도 했다.

이렇듯 인생 3막을 열심히 살고 있는 제인 폰다는, 우리에게 누구나 또 하나의 다른 삶이 있을 수 있음을 보여주는 것 같다.

헤르만 헷세·데미안

고교 시절 읽었던 헤르만 헷세의 데미안을 다시 읽어 본다.

책 중에 간직하고 싶은 구절이 있다.

독자들에게 익숙히 알려져 있지만……

'새는 알을 깨고 나온다.

알은 세계다.

태어나려는 자는 한 세계를 깨뜨려야 한다.'

어쩌면 한 세계를 깨뜨린다는 것은 '고통'을 의미하는 것인지 모른다.

월세방의 '권리금'

요즈음은 월세방에도 권리금이 있다고 한다.

권리금이라 하면 보통 상가에서 적용되어 온 게 관행이다.

세 들어 있던 상가가 다시 세를 내놓을 때, 그동안 쏟아붓고 또 쌓아 온 부가가치에 대해서, 새로 들어오는 세입자에게 받는 금액을 보통 '권리금'이라고 한다.

그런데 이러한 권리금이 소액의 '월세' 몇십만 원의 주거용 세입자 사이에서도 있다는 것이다.

그 내용으로는, 기존 월세를 사는 사람이 비용을 들여 월세방을 자신만의 특색 있는 공간으로 꾸미고 살다가, 이사 갈 때 들어올 세입자에게 그 비용을 받고 세를 내준다는 것이다.

물론 여기에는 찬반양론이 있는 것 같다.

보증금 몇백만 원에 월세 몇십만 원의 가난한 세입자가, 다시 권리금까지 부담하는 것은 온당하지 못하다는 것이다.

타당한 지적이다.

오랫동안 월세방을 전전하고 있는 나에게도, 이런 비판엔 충분히 공감이 가는 편이다.

그러나 또 한편으론, 비록 월세방이지만 사는 동안 자신만의 공간으로 특색 있게 꾸며, 실제적인 주인으로서 살다 간다는 것 또한 괜찮다는 생각이 들기도 한다.

때문에 이러한 권리금 역시, 비록 소액이지만 수요와 공급의 법칙이라는 시장원리 속에서 그 타협점이 모색되지 않을까 생각된다.

누구에게나 배울 점이……

누구에게나 배울 점이 있다는 것은 동서양 차이가 없는 듯하다.

동양에서는, 공자의 말씀을 정리한 '논어(論語)'에서 '삼인행 필유아사(三人行 必有我師)'라 했다.

즉 "세 사람이 길을 걸어가면 그중에 반듯이 스승이 있다."라는 뜻이다.

서양에서는, 17세기 스페인의 대철학자요 성직자이기도 한, 발타자르 그라시안은 "누구에게나 배울 점은 있다.

뛰어난 사람에게는 배울 점이 많다.

반대로 결점투성이인 사람에게도 배울 점이 있다.

누구에게나 한 가지 장점은 가지고 있기 때문이다."라고 했다.

생의 일정한 시기에 학교에서 배우는 것만이 배움은 아니다.

방송통신대학은 물론이요, 요즈음은 사이버대학과 평생교육원 등 비교적 다양한 교육 기관이 있어서 배움의 시공간적 장애는 상당히 극복된 것 같다.

그러나 무엇보다도, 배움이란 일상의 삶 속에서 배우려고 하는 평생 교육적 자세가 더 중요하지 않을까?

살풀이춤

토요일 정오엔 종종 한국방송의 국악 한마당을 볼 때가 있다.

그중에서도 살풀이춤이 나올 때면, 으레 그 춤의 매력에 빠져들곤 한다.

살풀이춤의 춤사위는 어딘지 한이 서려 있는 것 같기 때문이다.

살풀이춤은 원래는 무속인들이 추는 춤이었으나, 기생에 의해 고도로 예술화된 기방춤이 되었다가 근대 이후 무대화를 거쳐 오늘에 이르렀다고 한다.

그리고 살풀이춤에 내재된 정서는 단순한 슬픔을 넘어, 신명의 세계로 승화되는 우리 겨레의 한의 정서인 것만은 분명한 것 같다.

또한, 그 춤의 미학은 정중동의 원과 곡선에 있다고 보여진다.

때문에 살풀이춤이야말로, 그 자체가 한국을 대표하는 우리 고유의 미학이 아닌가 생각되기도 한다.

물이 너무 맑으면……

'채근담'은 중국 명나라 말기, 문인 홍자성이 저술한 책으로 처세술과 삶의 지혜에 관한 어록이다.

그 어록 중엔 '더러운 땅에서는 초목이 무성하지만, 지나치게 맑은 물에서는 물고기가 살 수 없다(地之穢者 多生物, 水之淸者 常無漁).'라고 했다.

그러나 이 문장을 생각하면, 한편으론 고민이 깊

어지기도 한다.

왜냐하면, 오늘날 우리에겐 사람과 사람 사이의 관계가 맑고 투명하지 못해 사달이 날 정도인데, 이런 어록을 얘기하면 왠지 시대에 뒤떨어진다는 생각이 들기 때문이다.

그래서 이어지는 문장을 보면, '그러므로 군자는 마땅히 때묻고 더러운 것도 받아들이는 아량을 가져야 한다'라고 했다.

이렇게 해서 채근담의 한 어록은, 처세와 삶의 지혜에 대해 나름대로 자기 완결적 구조를 갖추고 있는 것 같다.

DNA가 뭐기에

새해 연초가 되면, 암암리 사주를 보는 철학관과 점집을 찾는 것이 우리의 민간 신앙처럼 이어져 내려오고 있다.

사람의 운명과 길흉화복이 태어난 사주와 팔자에 의해서 정해져 있다는 논리는 동양철학의 명리학에 근거한 것인데, 중국의 춘추전국시대 음양오행설과 더불어 체계화된 것으로 알려져 있다

그런데 이러한 명리학의 원리가, 서양의 현대 첨단과학과 만나고 있어 흥미로운 것 같다.

그것은 다름 아닌 DNA라는 인간 유전자에 관한 것인데, 이러한 DNA는 우리의 유전정보를 보관 및 보존하는 데 이용된다고 한다.

바로 이 DNA 덕분으로, 44년 만에 잃어버린 딸을 찾은 일이 있어 사람들을 흐뭇하게 하기도 했다.

물론 미국으로 입양된 딸도 DNA를 등록했었고, 한국의 부모도 등록했었기 때문에 가능한 일이었다.

그런데 이미 생명과학과 의학 분야에선, DNA 검사를 통해 미래에 나타날 질병에 내해 미리예측하고 파악하여, 질병을 예방하고 건강을 챙겨볼 수 있다고 한다.

말하자면 서양의 현대 첨단 과학이, 수천 년 전에 전해져 내려온 동양의 사주명리학과 그 원리를 공유하면서, 인간에게 이로움을 주고 있는 것이다.

깊은 강물은 조용히

여기 깊은 강물과 얕은 개울물이 있다.
바닥이 얕은 물은 소리를 내지만
깊은 강물은 조용히 흐른다.

-수타니파타- 중에서

〈수타니파타〉는 구전되어 오던 부처님의 말씀을,

A.D 3세기경 시 모음집 형태로 엮은 불교 최초의 경전이라고 한다.

마치 성경의 '시편' 같은 것이라 할까?

위에 인용된 시구(詩句) 역시 자연의 이치와 인간의 이치가 결코, 다르지 않음을 보여주고 있다.

한글 번역본 수타니파타에는 1,150여 개의 글귀들이 시어의 형태로 수록되어 있다.

많은 부분이 수행자를 대상으로 한 것 같지만, 우리와 같은 일상인의 삶과 생활에도 나침반 역할을 하기에 별 손색이 없다고나 해야할까?

요즈음은 자기 과잉 피알시대라고 해도 별 무리가 없을 것 같다.

깊은 강물이 되기 전에 스스로 드러내는 것이, 너무 일반화되어있기 때문이다.

따라서 그럴수록 사회는 유사성행위의 껍데기들이 설치고 있다는 뜻이 되기도 한다.

특히 말로 살아가는 정치인들과 그들이 쏟아내는 언어의 유희는 감히 불신 시대의 대명사라 해도 과언이 아니라 해야 하지 않을까?

시간의 간극

얼마 전, 8살 때 잃어버린 딸과 아버지가 39년 만에 재회하게 되었다는 신문 기사를 본 적이 있다.

딸은 부모 밑에서 살던 시간 보다 무려 다섯 배나 긴 세월을, 노숙자로, 고시원으로, 때로는 노숙자 쉼터를 전전하면서 살았던 것이다.

이제 47세의 나이가 되어 아버지와 만난 그녀는,

어릴 적 손톱을 깨무는 버릇이 있어서 39년이란 긴 시간의 간극을 뛰어넘어 서로 한눈에 알아봤다고 한다.

이렇게 인간에게는 종종 망각이라는 긴 시간의 간극을 뛰어넘는 일들이 있는 것 같다.

나의 생일

음력 5월 7일, 이날은 나의 생일이다.

시골에서 태어나서인지 나의 생일은 음력으로 되어 있다.

그래서 종종 잊어버리고 지나갈 때가 많다.

올해도 나의 생일은 잊고 지나갔다.

생일을 생각하고 달력을 보았을 땐, 이미 열흘 정도는 지난 뒤였다.

기억을 한다 해도, 특별히 무슨 잔치를 벌이는 것도 아니지만 그러나 이 세상에 태어난 것이 무슨 의미로 다가오는지 한 번쯤 찬찬히 생각해보고 싶은 날이긴 한 것 같다.

상선(上善)은 약수(若水)

'최고의 선은 물과 같다.'

노자의 도덕경에 나오는 이 글귀를, 나는 언제부터인가 책상 위에 붙여 놓고, 생각날 때면 읽어 본다.

무슨 큰 뜻이 있어서가 아니라, 성격이 급하고 화를 잘 내는 좀 다혈질적인 나 자신이, 가능한 한 물처럼 부드러운 인간이 되어보고자 함이었다.

물처럼 살고 물처럼 되자는 것이었는데, 그러나 나의 성격은 좀처럼 고쳐지지 않은 것 같다.

성격은 이렇게 결코, 고쳐지지 않는 걸까?

그런데 더 나아가 '물은 세상 만물을 이롭게 하면서도, 고요하여 다투지 않고, 많은 이들이 꺼리는 낮은 곳으로 흐른다.'라고도 했다.

하지만 물이 마냥 부드러운 것만은 아닌 것 같다.

또 도덕경에서는 '이 세상에서 가장 부드러운 것이 단단한 것을 부린다.

이를테면, 물은 이 세상에서 가장 견고한 것, 즉 바위 속으로 파고 들어간다.'라고 했다.

가장 부드러운 것이 가장 견고한 것을 이긴다는 뜻일 것이다.

그러나 아쉽게도 물의 속성을 좀 닮고, 또 물처럼 살아간다는 건 결코 쉬운 일이 아니라는 것쯤은 나도 분명히 깨달은 것 같다.

회사의 자율 복장제

우리가 입는 옷은, 단순히 옷 그 자체만을 의미하는 것은 아니다.

옷은 그 사람의 취향과 성격, 인품, 개성 등 다양한 의미를 함축하기 때문이다.

따라서 그러한 인간의 욕구를 충족시키는 과정에서, 패션이 산업으로 번창하지 않았나 생각된다.

특히 예비군 훈련을 받을 때, 평소에는 점잖은 사람도 예비군복만 걸치면 평소와는 다른 웃기는 행동을 하는 것을 종종 봐왔다.

그것은 입는 옷에서 비롯된 것일 게다.

한편, 교복에서 군복 그리고 회사의 넥타이 정장으로 이어지는 의상은, 획일적 사회 통제의 이데올로기가 반영되어 있는 것이라고도 할 수 있다.

그런데 요즘은 그러한 정장 대신에, 자유롭게 옷을 입고 근무하는 자율 복장제 직장이 꽤 많이 늘어난 것 같다.

특히 창의성을 요구하는 직업일수록 더욱 그렇다.

옷이 자유스러울수록 사람의 마음도 생각도, 그만큼 더 자유롭기 때문일 것이다.

그러나 자율 복장의 개념이 그 극단으로 가면, 물질문명을 버리고 자연으로의 회귀를 의미하는, 1960년대 미국의 히피족이나 프랑스에서의 나체족으로까지 확장될 수 있지 않은가 한다.

그것은 옷의 역사가 인간 문명의 역사와 결코 멀리 떨어져 있지 않기 때문이라고 할 수 있어서이다.

아메리카노, 적정 가격은……

오늘 아침도 나는 커피 한잔으로 시작했다.

보통 하루에 적어도 두 세잔은 마신다.

커피 중독은 아니지만, 단 하루라도 마시지 않고는 허전하다.

이렇듯 커피는 이제 우리네 일상 깊숙이 들어와, 주식(主食)과 같이 되어 버린 것 같다.

그러면 우리가 이렇게 늘 마시고 있는 커피 '아메리카노'의 적정 가격은 얼마쯤 될까?

한국 소비자원이 전국의 소비자 1,000여 명을 대상으로 설문 조사한 것에 의하면, 3,055원으로 나타났다고 한다.

그러나 일반 카페에서 파는 실제 가격은, 한국인이 즐겨 먹는 짜장면 한 그릇 값을 상회한다고 해야 할 것이다.

이렇듯 한 끼 식사와 맞먹는 가격을 지불하고도 기꺼이 마시는 커피는, 단순히 커피 자체만을 소비하는 것이 아니라 그것에 녹아든 문화도 소비하기 때문이리라.

커피는 보통 전통 차와 달리 우리의 모더니티 즉 근대성과 관련이 있다고 할 수 있다.

서양의 근대 문물이 들어오던 일제강점기부터, 다방 그리고 커피숍, 카페로 명명되기까지 우리는 숱한 대중들의 일상사와 연인들의 사랑과 이별, 기쁨과 슬픔, 그리고 고뇌에 찬 예술인의 상념도 한 잔의 커피와 함께해 왔던 것이다.

그래서 이제 우리에게 커피는, 가장 가깝고도 친숙한 삶의 동반자라 해야 하지 않을까 한다.

강변의 들꽃

제4부

장미 꽃에 담긴 사연

하루 2천 원

언제부터인가, 아마 2~3년 정도 되는 것 같다.

하루 일과를 마치고 나면, 저녁 시간에 나는 지갑에서 2천 원을 꺼내 책상 위에 놓인 임시 저금통에 넣는다.

그리고 월말이 되면, 그걸 꺼내 서점에 간다.

조금 더 보태, 미리 메모해두었던 책을 사곤 한다.

2천 원은 평소 군것질할 돈을 아낀 것이다.

다른 사람에 비해, 약간 군것질 습관이 있는 나로서는 건강에도 좋고 책도 사 볼 수 있어서 좋은 것 같다.

그래서 지금껏 중단없이 실행에 옮기고 있는 것이다.

그러나 걱정거리가 없는 건 아닌 것 같다.

이러다간, 내가 정말 인색한 구두쇠나 되어버리지나 않을까 걱정이 생긴 것이다.

또한, 조금은 생활이 각박해져 감을 느끼는 것도 사실이다.

가끔은 나름대로 낭만과 분위기를 좋아하던 내가, 이제 삶의 재미를 잃어가는 것은 아닌가 생각될 때도 있다.

하지만 어쨌든, 지금처럼 이렇게 하루 2천 원을 저축하는 것은 계속해 나갈 생각이다.

청바지에 관한 단상

오늘도 나는 청바지를 입고 외출했다.

특별한 약속이 있는 날이 아니면 청바지를 주로 입는다.

청바지는 우선 몸과 마음이 편해서 좋다.

자유를 느낀다고나 할까?

그러나 모든 사물이 자기만의 역사를 갖고 있듯

이, 이런 청바지도 나름대로 역사가 있다고 한다.

19세기 중엽 미국 서부에서는 황금을 캐러 온 사람들이 몰려오고, 그 가운데 리바이 슈트라우스라는 사람이 있었다.

그는 어느 날 군납업자로부터 천막 10만 개 분량의 납품 제의를 받는다.

그러나 그 약속은 이루어지지 않아 실망한 나머지 주막집에 들러 술을 퍼마신다.

그런데 거기서 광부들이 해진 바지를 꿰매는 모습을 보고, 천막으로 바지를 만들면 되겠구나 하는 발상이 떠올랐다고 한다.

그의 상상력은 적중해서, 그 후 질기면서도 튼튼한 청바지가 널리 보급되기에 이르렀다.

이러한 청바지는 1930년대엔 주로 서부영화에서 주연 배우들이 입고 등장하며, 1970년대가 되면 전세계적으로 인기를 얻기 시작한다.

이러한 흐름에 맞춰 한국에서도 70년대 초반, 주로 당시 대학생들을 중심으로 청년문화라는 새로운 문화 트랜드가 일기 시작하면서 본격적으로 등장하게 된다.

청년문화는 청바지와 생맥주, 통기타음악 그리고 장발로 대변되었는데, 이는 당시 청년 학생들의 서구문화에 대해 동경과 지향을 반영하면서, 기성의 문화와 가치에 대해 우월적 차별성을 지니고 나타난다.

특히 통기타음악은 당시 트로트에 대비되는 포크송의 한 흐름으로 자리를 잡게 된다.

그러나 대학생들의 이러한 감상적이고도 낭만적인 청년문화도, 당시 박정희 정권의 외압에 의해 70년대 중반이 되면 해체되기에 이른다.

한국에서의 청바지는 이렇게 청년문화의 한 형태로서 특징을 가지면서도, 1980년대에는 5공 군사정권 하에서 시위를 진압하는 소위 백골단들이 주로 입고 나타나기도 한다.

그때 청바지 하면, 백골단이나 군부정권에 의해

시위 학생들을 잡아들이는 말하자면 정치깡패들이 입는 트레이드 마크가 돼버린 것이다.

이러한 시기를 거쳐 우리 사회가 민주화되면서, 청바지는 이제 젊은 층에 개성과 자유의 이미지로 변천되어 온 것 같다.

90년대 초반인가, 나는 후배 동료들과 함께 청바지를 입고 마석 모란공원에 간 적이 있었다.

그런데 어느 청년으로부터 불심검문을 받았다.

얼굴 전체에 짙은 화상이 크게 있는 것으로 봐서, 아마 그 청년은 분신을 기도한 운동권 청년인 것 같았다.

그 청년은 내가 청바지를 입고 있어서, 아마도 형사나 경찰 프락치 정도로 오인했던 것 같았다.

물론 해프닝으로 끝났지만, 나는 오늘도 청바지를 입고 자유스러움을 맛보면서 동네 한 바퀴를 돌고 온다.

B급 과일, B급 인간

외출했다가 집으로 돌아오면서, 나는 종종 근처의 청과물 가게에 들른다.

거기서 주로 B급 과일을 사 가지고 들어올 때가 많다.

못난이 과일이라고도 하는 B급 과일은, 껍질이 일부 벗겨져 있거나 어떤 것은 부분적으로 상한 것들도 있으나, 아무런 문제가 없는 것들도 많이 있다.

쉽게 말해서 B급 과일은 대개 외관상 흠집이 있으나, 먹는 데는 별문제가 없는 과일들이다.

상품으로서의 가치는 상실했으나, 속은 괜찮은 과일들을 말하는 것이기도 한다.

가격은 최소한 50~60% 이상 저렴할 때가 많이 있다.

이러한 B급 과일을 살때에, 나는 처음에는 주변의 눈치를 좀 보기도 했었으나, 지금은 당당하게 사 가지고 들어온다.

요즘은 대형마트에서도 B급 과일 기획전을 열어, 생산자들의 재고 부담을 덜어준다고 한다.

이렇게 싸고 맛좋은 B급 과일을 사 가지고 올 때면, 생뚱맞게 나는 B급 인간이라는 단어를 떠올리기도 한다.

과일에도 B급이 있다면, 인간에게도 B급 인간이 있다는 것이다.

꽤 오래전이기는 하지만, 한때 나는 평소에 아는

스님의 절에서 몇 개월 기거를 한 적이 있었다.

그 스님은 바둑을 좋아해서 틈만 나면 바둑을 두자고 했다.

주로 지는 사람에게 군밤을 먹이는 바둑이었다.

한번은 내가 지자, 스님은 에누리 없이 군밤을 먹이면서, "너는 B급이야!" 하는 것이었다.

물론 장난기가 섞인 말투였지만, 한편으론 그때부터 종종 나는 B급 인간이란 어떤류의 인간일까 생각해보기도 했었다.

그러면서 B급 과일처럼 이라면, 나는 B급 인간이 되는 것도 별문제는 없겠다, 라는 생각이 들기도 했다.

장미꽃에 담긴 사연

흔히 장미꽃을 그리스 신화에 나오는 아프로디테의 꽃이라고도 한다.

아프로디테는 미와 사랑의 여신이다.

주말 오후, 오랜만에 붉은색, 흰색 등 몇 가지 색깔의 장미꽃이 화사하게 피어 있는 중랑천 체육공원엘 갔었다.

예전에 몇 년 동안 중랑천과 인접한 면목2동에서

생활할 때, 꽃으로 단장되어 있는 뚝방 산책로를 거의 매일 걸었던 기억이 떠오른다.

인공이 많이 가미되긴 했지만, 체육공원에 피어 있는 장미꽃을 보노라니 황홀감마저 느껴졌다.

장미꽃은 그만큼 사람의 감각을 유인하는 뭔가가 있는 것 같다.

하지만 이런 장미꽃에도 슬픈 사연이 담겨 있다고 한다.

볼핀치의 그리스·로마 신화에 의하면, 올림푸스 신들의 제왕인 제우스는 미인 아프로디테를 그의 아들 헤파이토스와 짝지어 준다.

그래서 가장 아름다운 여신은, 남신 중에서도 가장 못생긴 남신의 아내가 된다.

제우스의 명령에 의한 결혼이라서 아프로디테에게는 사랑이 생길 리가 없었다.

그리하여 아프로디테는 전쟁의 신 아레스와 바람을 피우게 되고 나중에는 자신이 데려다 기른,

아도니스와도 사랑에 빠지게 된다.

아레스는 아프로디테가 미소년인 아도니스와 놀아나는 것을 못마땅하게 생각한다.

그는 아도니스가 혼자 사냥에 나선 것을 보고, 멧돼지를 조종하여 아도니스의 목숨을 잃게 한다.

이때 아도니스가 죽으면서 흘린 피에는 아네모네 꽃이 피었고, 아프로디테의 눈물에서는 장미꽃이 피었다고 한다.

때문에 장미는 옛부터 미와 사랑, 그리고 청춘과 열정의 상징이 되었던 것이다.

흔히들 결혼 축하 선물로, 장미꽃을 선사하는 것은 이런 이유에서가 아닐까?

추억의 구멍가게

아직 오지 않은 미래에 대해서, 그리고 미래의 희망에 대해서 생각하는 것도 좋지만 때론 우리는 지나간 추억을 떠올리면서 살아간다.

그중에 어쩌면 우리네 일상의 삶 바로 근처에 있는 구멍가게야말로, 과거의 추억을 상기시키는 한 폭의 그림이 되기도 한다.

그러나 이젠, 물품을 사는 사람과 파는 사람의 손때묻은 정이 오가던 구멍가게가 점점 사라져가고, 그 자리에 24시 편의점이 들어서는 도시의 시간은 필연적인 것일까?

얼마 전 강남의 A 갤러리에서, 그런 추억 속의 구멍가게를 직접 화폭에 담은 전시회가 있어 다녀온 적 있다.

서양화가인 이O경 님이 화폭에 담은 구멍가게는, 전국 시골 여러 곳을 다니며 아직 사라지지 않은 추억을 그린 그림이었다.

특히 그림들 속에서 어느 시골의 구멍가게는 앞마당에 우뚝 서 있는 붉은 자목련이, 봄 여름 가을 겨울 사계의 변화에 따라 나뭇잎이 변해가는 모습들을 담아 그 시간성을 느낄 수 있었다.

갤러리를 나서면서 나는 10여 년 전 신당동에서 살 때, 집 앞 골목 바로 건너편에 있던 팔순 할머니의 구멍가게가 생각났다.

그땐 단순한 가게가 아니라, 나에게 등기로 오는 거의 모든 우편물을 그 할머니가 가게에서 받아 나에게 건너 주곤 하셨던 것이다.

부모 못지않게 정이 들었던 그 할머니에게 이사를 떠나오면서 꼭 다시 찾아뵙겠노라고 인사를 하고 왔었지만, 그 약속을 지키지 못한 채 벌써 10여 년이 흐른 것 같다.

물론, 그사이에 나도 어머니를 모시고 3~4년, 그리고 네 번이나 이사하면서 내가 사는 공간에 적응하느라 여념이 없기도 했었으나 그것은 한갓 핑계에 불과하다는 것을 잘 알고 있다.

그래서 갤러리를 다녀온 다음 날, 할머니를 찾아뵙기 위해 집을 나서 신당동으로 향했다.

지금은 구십을 넘기셨을 그 할머니가 생존해 계실지 어떨지 모르는 상황 속에서, 궁금증만 잔뜩 간직한 채 그 구멍가게 근처에 다다랐을 땐 한숨이 절로 나왔다.

할머니의 구멍가게는 흔적도 없고, 그 주변엔 아파트가 우뚝우뚝 솟아 있었기 때문이다.

이젠 할머니도 그 구멍가게도 기억 속에서만 남아 있고, 현재는 존재하지 않는 한 폭의 화폭이 되고 만 것이다.

한강 안의 '밤섬'

7월 초의 어느 휴일 오후, 일상에서 오는 답답함을 떨쳐버리고자 좀 확 트인 한강가로 향했다.

지하철 여의나루역에서 내려 고수부지로 내려가자, 잔디 위에는 수많은 사람이 삼삼오오 떼를 지어 앉아 노닐고 있었다.

물길이 닿는 강가에 다다르니 바로 앞에는 밤섬이 보였고, 강물 위에는 유람선이 유유히 상류를 향해 지나가고 있었다.

장사하는 공원의 한 아줌마로부터 플라스틱 물병에 가득 찬 냉커피를 사서, 강가에 앉아 홀짝홀짝 마시니 꿀맛 같았다.

조용히 흐르는 강물은 사람의 마음도 차분하게 하는 것 같다.

앞에 보이는 무인도 밤섬은 여름이라서 그런지 울창한 나무로 가득 차 있다.

겨울엔 각종 철새의 서식지가 된 이 섬은, 1960년대 후반까지만 해도 60여 가구가 행복하게 살던 마을이었다고 한다.

60년대 후반 당시 서울시는 여의도 개발이라는 목적하에 섬을 통째로 폭파시켜 버리고, 육백 년 역사를 간직한 밤섬의 주민들은 마포 창전동 와우산 기슭으로 집단 이주하였다.

우리는 실향민 하면 으레 북녘에 고향을 둔, 6·25 전쟁 실향민만을 주로 떠올리지만 실은 밤섬의 주민들도 고향을 잃은 실향민이 되었던 것이다.

해마다 정월 초이튿날이 되면, 창전동에서는 당시 밤섬의 마을굿인 부군당 도당굿이 행해진다.

한때 나는 그 굿을 구경하기 위해, 창전동의 밤섬 주민들을 만나 종일 함께 막걸리를 마시며 지냈던 일이 생각난다.

고향을 잃었으나 마음속에는 여전히 고향을 그리워하는, 밤섬의 주민들을 떠올리면서 석양의 노을이 붉어질 때가 되어서야 나는 강가에서 일어섰다.

이렇듯 작열하던 칠월의 태양이 서쪽 하늘로 뉘엿뉘엿 넘어갈 때가 되면, 어릴 적 섬마을에선, 산언덕의 확성기에서 영화를 상영한다는 알림방송이 변사의 목소리처럼 쩡쩡 울려온다.

"기대하시고! 기대하시라!

오늘 저녁 상영할 영화는 '열풍!'

울어라 열풍아!

전기도 들어오지 않는 섬마을에, 섬 주민들의 문화적 욕구를 채워주던 가설극장이 들어오면, 논밭에서 일하던 농부들도 마음이 설렌다.

나도 그런 가설극장에서 상영하는 영화들을 몇 편 봤던 기억이 난다.

대개는 초등학교 운동장이나 마을의 공터에 천막을 치고 발전기를 돌려 영화를 상영하지만, 그날만은 축제나 다름없다.

당시는 대부분 흑백영화로, 상영되는 도중 몇 번씩 필름이 끊겨 관객의 인내가 필요했으나 별 불평 없이 영화 한 편을 소화한다.

지금 생각해보면 비록 섬마을이지만 문화가 없는 건 아니었다.

여름이면 이런 가설극장 외에도, 마을 주민들이 직접 연기하고 연출한 연극과, 겨울이면 정월 대보름을 기해 마을 농악패가 한판 굿거리장단을 한다.

그리고 봄가을이면, 주로 유랑극단이 들어와 가설무대를 설치하고 공연을 한다.

물론 공연 중간중간 약을 팔기 위해서지만, 춘향

전이나 심청전 등 우리의 전통 예술을 주로 보여주곤 했다.

가끔은 무당을 불러 굿을 할 때면, 마을 주민들 대다수가 굿하는 집에 모여 낮부터 온 종일 그리고 자정 넘어서까지 구경을 한다.

어떻게 보면 요즈음 도회지의 척박한 삶보다도, 당시 일상의 삶과 어우러진 섬마을 문화가 오히려 더 풍요로웠던 것으로 기억되기도 한다.

트로트 열풍

서양 고전음악을 감상하는 것이 취미이지만, 나는 우리의 대중가요인 트로트도 좋아한다.

그래서 월요일 저녁이면, 모 방송국의 '가요무대'는 특별한 일이 없는 한 빠지지 않고 본다.

특히 나는 1960년대의 가수 배호의 노래를 좋아한다.

배호의 '누가 울어'는 나의 18번이고, '영시의 이별', '마지막 잎새'는 언제 들어도 좋다.

때론 배호의 노래는 가사가 너무 슬프고, 이별에 관한 것이 대부분이어서 불만일 때도 있기는 하지만……

현인의 '서울야곡', 성재희의 '보슬비 오는 거리'도 무척 좋아한다.

그런데 몇 년 전부터, 때아닌 트로트 열풍이 불고 있는 것 같다.

어느 종편 방송의 '미스&미스터 트롯'과 지상파 방송의 '트롯전국체전' 및 '트로트 민족'을 비롯하여 이삼십대 젊은 가수들도 트로트를 재기발랄하게 노래한다.

지금의 트로트 열풍은, 바로 이 젊은 층에서 있기 때문에 더욱 의미심장하게 생각되는 것 같다.

그동안 주로 중 장년층에서 선호하던 트로트는, 뽕짝이라고 하여 그 음악적 가치가 폄훼되어 오기도 했다.

어떤 때는 일본의 '엔까'에 뿌리를 둔, 왜색문화의 일종으로 평가되기도 하였다.

뿐만 아니라, 한국의 트로트는 1970년대 초반엔 당시 젊은 층의 포크송 위주의 통기타음악에 의해 차별과 위축의 대상이 되기도 하였다.

그래서 오늘의 젊은 층들이 트로트에 열광하는 것은, 조금은 특이한 현상이라 아니할 수 없을 것 같다.

특히 박현빈과 홍진영, 신유와 그리고 송가인 등의 젊은 트로트 가수의 등장은 요즘 한국의 트로트 열풍을 대변하고 있는 것 같다.

대중가요인 트로트는 그 가사와 음악적 멜로디 속에 당대의 시대 정서가 고스란히 담겨 있어 좋다.

일제강점기에는 나라를 빼앗긴 설움이 담겨 있고, 해방 후에는 새나라 건설에 대한 희망이 내재

되어있다.

그리고 한국전쟁 이후에는 전쟁의 기억과 상처가 담겨 있고, 그 이후 시대에서도 역시 그렇다.

그래서 트로트는 단순히 대중가요의 의미를 넘어, 그 자체가 우리의 살아있는 역사라고도 할 수 있을 것이다.

게다가 이제 트로트는 기존의 세대 간의 분리나 단절을 넘어, 세대 화합의 장으로도 나아가고 있다고 할 수 있지 않을까 한다.

'욕망'한다는 것

세상을 지배하는 것은 의지가 아니라 욕망이다. 욕망이 제거된 사회, 그것은 흐물흐물 활력이 없는 사회나 다름없다.

명상

언제부터인가 우리 사회에, 정신적 영역에서의 '웰빙'이라 할 수 있는 '명상'이라는 수련법이 일반 대중들 사이에서 각광을 받기 시작했다.

특히 우울증이 있던 나로서는 이러한 흐름을 외면할 수 없었다.

영어로는 'Meditation'인 '명상'의 사전적 의미는

'눈을 감고 고요한 마음으로 깊은 생각에 빠지는 것', 또는 '인간의 마음을 순수한 내면의식으로 몰입하도록 만들어 참된 자아를 찾는 수행법'이라고 정의되어 있다.

그래서 나는 여름이면 사찰에서 행하는 템플스테이를 비롯하여 요가, 참선, 국선도 등 여러 마음 수련법을 찾아다니며 경험을 해 보기도 했다.

특히 참선의 경우에는 불교계에서 꽤 유명한 스님이 지도하는 프로그램에 참여하기도 했다.

그리고 스님이 아닌 속인(俗人)으로서, 나이 57세에 참선을 시작하여 불과 7개월 만에 득도했다는, 백봉 김기추 선생의 명상을 수행하는 '선원'에 참석하기도 했었다.

그러나 결국 잡념과의 싸움에서 나는 승리하지 못했던 것 같다.

명상 중에도 온갖 잡념이 나의 뇌리에서 떠나질 않았다.

명상을 통해서 벗어나고자 했던 우울증은 그 오

랜 시간 이후 완전히 극복된 것 같으나, 사실은 그것이 명상수행과 직접적인 연관성이 있는지는 잘 모르겠다.

그래서 이러한 명상의 높은 차원의 목표보다는, 희망은 갖되 욕심을 버리고 스트레스를 줄이며, 무위자연의 마음으로 하루하루를 살아가는 것이 더 좋겠다는 생각에 이르기도 했다.

어쩌면 그간 명상 체험으로부터 얻은 나의 결론은, 솔직히 이러한 것들이지 않나 생각한다.

다르게 생각하라

'다르게 생각하라-think different-'는 스티브 잡스 '애플'의 수많은 제품 광고 문구 중 하나이다.

그러면 스티브 잡스는 이 광고 문구를 어디서 얻었을까?

물론 이것은 '애플'을 창업한 스티브 잡스 본인의 삶과도 무관하지 않겠지만, 그것은 1965년도 노벨 물리학상을 받은 '리차드 파인만'의 평소 소신으로부터 힌트를 얻었다고 한다.

리차드 파인만, 그는 어느 날 동료와 식사를 같이 하다가 동료가 접시를 떨어뜨리는 순간, 접시 주위에 부착된 장식물이 흔들리면서 붕 떴다가 떨어지는 광경을 목도했다.

그 후 여기에서 힌트를 얻어, 그는 전자기장과 전자의 상호작용을 설명하는 양자전자기 역학을 만든 공로로 노벨상을 받게 된다.

이렇듯 일반인 같으면 그냥 넘어갈 문제에 대해, 리차드 파인만은 '다르게 생각하기'를 통해 위대한 과학적 발견의 성취를 이루었던 것이다.

'다르게 생각하라-Think different-' 이 명제는 인류의 거의 모든 과학과 예술, 그리고 철학적 사유의 기본이라고 할 수 있다.

우리는 이렇게 '다르게 생각하기'로써, 고정관념을 부수고 일반론을 넘어 창의와 창조의 영역으로 나아갈 수 있지 않을까?

배움의 길

종종 나는 지하철역에서도 배운다. 서울의 지하철역마다 -사랑의 편지-등 좋은 글귀들이 붙어있고 스크린도어 옆에는 아름다운 시가 쓰여 있다.

그중에서도 특별히 맘에 드는 것은 메모하여 나중에 다시 읽어 보기도 한다.

이렇듯 나에게 있어 배움의 길이란, 책이나 학교

교실을 벗어나 일상의 현장에 있기도 하다.

어떤 때는 공중화장실에서도, 문짝에 좋은 글귀가 붙어있는 경우 그것을 메모하기도 했던 기억이 난다.

그런데 이런 생각을 하면, 좀 오래전 일이기는 하지만 잊을 수 없는 사연 하나가 떠오른다.

나는 그냥 배우기 위해 메모만 했을 뿐이지만, 화장실에서 휴지로 사용하기 위해 찢은 성경책 쪼가리를 보다가 거기에 쓰여 있는 성경 한 구절 때문에, 50 평생의 인생행로가 180도 바뀐 사람을 만나보았던 적이 있어서이다.

지금부터 거의 20여 년 진 일인 것 같다.

소매치기범으로 나이 50이 될 때까지, 교도소만 들락거리던 사람이 청송교도소에 있을 당시, 교도소에는 성경책이 흔히 들어왔다고 한다.

그러나 대부분 들어오는 성경책은 관심 밖이었다고 한다.

그런데 어느 날, 그날도 휴지로 쓰기 위해 성경책을 찢어 화장실에서 앉아 볼일을 보는데 문득 손안에 쥐어져 있는 성경 쪽지의 한 구절이 눈에 들어왔다.

'…… 모든 사람이 죄인이나니……'

지금까지 50 평생 범죄자로 교도소만 들락거리면서, 자신들만 죄인이라고 생각하며 살아왔는데……

'모든 사람이 죄인이다'는 한 구절로 인해, 이제부터 새로운 인생을 살고자 결심하고, 세상에 좋은 일을 할 수 있는 일을 찾기 시작했다.

그는 우선 자기 몸에 있는 장기부터 기증하기로 하고, 어느 환자에게 신장을 기증했다.

내가 청송에 가서 그분을 만났을 땐 그 일이 계기가 되어 언론에 보도된 후, 한 여자를 만나 결혼도 하여 가정을 이루어 살고 있었다.

소매치기는 기술 절도라 하여, 한번 그 길로 들어

서면 끊기가 무척 어렵다고 한다.

이렇듯 글자 한 줄에 인생행로가 완전히 바뀐 사람은, 단순히 배움의 차원을 넘어 '깨달음의 경지'에 도달했다고 해야 하지 않을까?

춘천의 명동

이따금 나는 마음이 울적할 때나 허황할 때, 경춘선을 타고 춘천을 찾는다.

그것은 아마도 20대 후반부터였을 것으로 기억된다.

춘천은 호수로 둘러싸인, 말 그대로 호반의 도시이다.

지금은 서울에서 지하철로 이어져 있지만, 그전

에는 청량리역에서 기차를 타고 가곤 했었다.

우선 소양강에 도착해서 바람을 잠시 쐬고, 연락선을 타고 소양호를 건너 청평사엘 들른다.

그리고 다시 내려오는 길에, 도토리묵 안주에 술 한잔한다.

연락선을 타고 되돌아와 대중 교통편으로 춘천 시내 명동으로 간다.

춘천의 명동, 실제 명동이라는 지명은 없지만, 서울의 명동처럼 춘천에서 가장 번화가라 하여 붙여진 이름이라고 한다.

명동 거리는 얼마 길지 않지만, 춘천이라는 도시의 특징을 함축적으로 말해주는 것 같다.

지나가는 아가씨의 옷차림에서도 깔끔하고 산뜻한 모습들을 느낄 수 있고, 지금은 사라진 어느 카페의 2층에서 커피 한잔으로 계절의 정취를 맛보기도 했다.

여전히 명동 거리엔 드라마 '겨울연가'의 주인공 배용준과 최지우의 조형물이 보이고, 카페에선 한 번도 만난 적 없는 소설가 이외수가 생각나기도 한다.

내 고등학교 친구 하나는 일찍부터 춘천에 정착하여, 어느 대학 병원 근처에서 의료기상을 운영하며 지금은 자리가 잡힌 상태라고 한다.

애초에 아무런 연고가 없었지만, 춘천은 낚시하기가 좋아서 살기 시작했다는 그는 지금은 어느 정도 성공한 자영업자로, 춘천 정착이 신의 한 수가 되었다고 만족해하기도 했다.

그동안 나도 춘천을 자주 다니면서 한 가지 마음먹은 게 있다.

언젠가 사회활동을 어느 정도 마무리하는 시점에선, 춘천에서 살리라고……

인생을 마무리할 때쯤 내가 살고 싶은 곳…… 나는 그곳에서 천상병 시인의 '귀천'에서처럼 '이 세상 소풍 아름다웠노라고……' 하고 싶다.

서울로 돌아올 땐 공지천에 들러, '에티오피아 카페'에서 원두커피를 한잔하면서 언제였던가 '중도'가 가까이 보이는 호숫가에서, 바람에 살랑이는 호수의 잔물결을 보며 하룻밤을 꼬박 지새웠던 기억을 떠올리기도 했다.

세상의 모든 음악

종종 늦은 오후부터 저녁 무렵이면, 나는 모 방송국의 F · M 라디오에서 흘러나오는 '세상의 모든 음악'을 듣곤 한다.

진행자의 구수한 목소리와 함께 들려오는 영화음악은, 나를 종종 낭만의 세계로 이끌기도 한다.

그런데 그러한 영화음악이라면 뭐니 뭐니 해도

작년에 세상을 떠난, 이태리 출신의 거장 '엔니오 모리코네'를 떠올리지 않을 수 없을 것 같다.

엔니오 모리코네는 아는 바와 같이, 서부극 '황야의 무법자'를 비롯해 '석양의 건맨' '석양의 무법자' 등 세 편의 시리즈 영화 주제곡을 작곡했다.

또한 '주세페 토르나토르' 감독의 영화 '시네마 천국'의 주제곡인 '사랑의 테마(Love Thema)'를 그의 아들 '안드레아 모리코네'와 함께 작곡하기도 했다.

어떤 영화에선, 때로는 영화보다도 주제곡인 영화음악이 더 널리 오랫동안 생생하게 남아 있기도 한다.

아마 그 중의 대표적인 것이 '르네 끌레망' 감독의 1952년 베니스 영화제 최고작품상 수상작인 '금지된 장난'이 아닌가 싶다.

'나르시소 예뻬스'가 스페인 민요를 편곡해서 만든, 이 영화 주제곡 '로망스'는 기타 연주곡으로서 지금도 많은 사람에게, 영화 그 이상으로 사랑을 받고 있는 것 같다.

오늘도 일요일 오후인 지금, 나는 F.M 라디오에서 흘러나오는 '세상의 모든 음악' 중 '영화가 사랑하는 음악'을 듣고 있다.

강변의 들꽃

제5부

동행

동행

아직도 내게 슬픔이 우두커니 남아있어요.
그날을 생각하자니 어느새 흐려진 안개

빈밤을 오가는 날은 어디로 가야만 하나
어둠에 갈 곳 모르고 외로워 헤매는 미로

누가 나와 함께 울어 줄 사람 있나요.

누가 나와 함께 따뜻한 동행이 될까.

사랑하고 싶어요 빈 가슴 채울 때까지……

-한설아 〈동행〉

한여름의 무더위가 여전히 기승을 부리는 8월 중순 무렵이었다.

그 어느 날부터인가 내 입가에 노래 가사 한 줄이 맴돌기 시작했다.

그리고 그것은 4~5일 이상 계속됐다.

노래의 제목도, 가사도, 또 노래를 부른 가수의 이름도 알지 못하는, 그 가사 한 소절이 어떤 노래인가 궁금해졌다.

그래서 나는 인터넷에 그 가사 한 줄을 치고 검색을 해보았다.

그러자 그 노래 가사 전체가 나왔고 제목이 '동행'이라고 떴다.

그 노래를 부른 가수는 '한설아'로 되어 있었고,

노래가 발표된 시기는 20여년 전인 2000년도였다.

말하자면 그 노래와 나와의 연관 관계가 아무것도 없는 셈이었다.

그런데 어떻게 그 노래 가사 한 소절이 내 입가에 맴돌면서 흥얼거리기 시작했을까?

나는 그게 이상야릇하고 불가사의하게 느껴졌다.

사람의 감정은 때로는 언어의 표현과 연결되어 있는 것일까?

어쨌든 나는 그 노래의 가사와 멜로디가 좋았고 맘에 들었다.

어느덧 거의 무명의 가수나 다름없는 한설아의 '동행'은 과거 나의 18번이었던 배호의 '누가 울어'를 대체해 가고 있었다.

그 입가에 맴돌던 노래 가사 한 줄은 '사랑하고 싶어요. 빈 가슴 채울 때까지…'였다.

그리고 '사랑하고 싶어요. 사랑이 있는 날까지……'가 그 한 소절의 가사 뒤에 또 이어지고 있었다.

水落山

요즘엔 좀 뜸한 편이지만, 몇 년 전까지만 해도 나는 토요일 오후면 산행을 했다.

건강에 좋다고 해서 시작한 등산이었는데, 내가 찾는 곳은 주로 수락산과 도봉산이었다.

며칠 전에도 수락산엘 다녀왔다.

물이 떨어진다는 뜻의 수락산에는 봉우리가 세 개 있다.

예전엔 한번 산행을 하면 기어코 제일 높은 세 번째 정상까지 올라가야 직성이 풀렸고, 그래야 등산하는 맛이 났다.

아무리 무더운 한여름의 더위에도 땀을 비 오듯 뻘뻘 흘리며, 바위산이나 다름없는 두 번째 봉우리를 씩씩거리며 올라갔었고, 한겨울엔 영하 15도가 넘는 추위에도 입김을 헉헉 내뿜으며 재빠르게 바위산을 탔었다.

그럴 땐 마치 군사훈련을 하는 것 같기도 했다.

그래야 정상에서 마시는 물 한 모금이 맛이 났다.

그러나 이제는 많이 달라졌다. 굳이 세 번째 정상까지 가지 않아도 됐다.

등산은 즐기는 것이지 스트레스를 받는 것이 아니라고 생각했기 때문이다.

언젠가 내가 아는 스님하고 등산에 관해서 이야기를 나눈 적이 있었다.

그 스님은 말하기를, '죄라는 것은 마음을 옥죄는 것'이라고 했다.

나처럼 그렇게 등산을 하는 것, 그것이 죄라고 했다.

며칠 전의 수락산 등산에서는 첫 번째 봉우리까지만 올라갔다.

이제야 맑게 흐르는 계곡물을 보며, 산새의 울음소리도 들을 수 있었다.

물론 반드시 첫 번째 봉우리에서 멈출 필요는 없겠지만, 내가 즐길 수 있는 만큼만 오르는 것 그것이 등산이 아닌가 생각이 들었기 때문이다.

한가위

'더도 말고 덜도 말고 한가위만 같아라!'

창문 너머로 시원한 가을바람이 불어오면서, 밤하늘엔 보름달이 두둥실 떠 있다.

작은 조각구름 하나가 달을 가리려 하지만 이내 흘러간다.

한가위 전날 밤, 사실 서울에서 둥근달을 본다는

게 그리 쉬운 일만은 아니다.

오늘처럼 특별한 날이 아니고서는, 밤에 달이 떠 있는지, 별이 떠 있는지 모르고 살아간다.

한가위 명절이라고 해도 딱히 할 일은 없지만, 그래도 나에겐 유년 시절의 추억이 떠오른다.

초등학교 2~3학년쯤 되던 한가위 날이었다.

둥근달이 휘영청 밝은 밤, 그날따라 아버지는 3형제에게 시를 쓰라는 숙제를 내주셨다.

4남 3녀에서, 4형제 중 막내동생은 너무 어렸기 때문에 두 형과 나는 시를 쓰느라 낑낑대던 일이 생각난다.

그 후 아버지는 내가 초등학교 4학년 때 갑자기 돌아가셨지만, 아버지에 대한 기억이 그리 많지 않은 나에게 이렇게 한가위 날 밤이면, 그래도 생각이 나는 것 같다.

유람선

가을이 무르익는 시월 중순의 어느 날 저녁, 한강의 유람선을 탔다.

여의도 선착장에서, 왕복 70여 분 정도 소요되는 비교적 길지 않은 물길이지만, 유람선의 갑판 위에선 또 다른 서울의 야경을 볼 수 있었다.

그리고 검푸른 강물과 밤하늘의 별도 함께……

강물 위에서 유유히 흐르는 유람선은, 공간 속에 갇힌 서울의 시간을 자유롭게 해주는 것 같았다.

승객들로 가득찬 객실에서는 연주회가 열리고, 기타를 치는 뮤지션의 마이크에선 '사랑은 은하수 다방에서'라는 조금은 고풍스러운 노래가 흘러나오고 있었다.

모든 것을 '빨리빨리'라는 속도전과 그런 문화 속에 익숙해진 우리는, 가끔 이렇게 유람선의 느린 시간을 음미해보는 것도 좋지 않을까 싶다.

어려운 일은……

어려운 일은 그것이 아직 쉬운 일일 때 시작하고
큰일은 그 일이 아직 작은 일일 때 해치워라.
천하의 어려운 일은 모두 쉬운 일에서 시작되고
천하의 큰일은 모두 사소한 일에서 시작된다.

-노자의 '도덕경' 중에서-

위 글귀는 어렵고 큰일은 일단, 별다른 시작이 있을 거라고 생각하는 우리네 일상의 통념을 깨뜨리는 노자의 말이다.

뿐만 아니라, 사소하고 쉽다고 여기는 일들의 중요성을 일깨워주는 것이기도 하며, 어떤 사태에 대한 우리의 애초의 태도에 관해서도 말해주고 있는 것 같다.

노들섬에서

과거엔 중지도라 불리던 타원형의 섬, 노들섬은 한강 안에 있는 여러 개의 섬 중 하나다.

노들은 '백로가 놀던 돌'이라는 뜻이라고 한다.

그 노들섬이 복합문화 공간으로 탈바꿈하여 개장했다.

섬 안에는 공연장, 전시실, 카페 등이 잘 갖추어져 있었다.

가끔 나는 이곳에 와서, 섬을 한 바퀴 돌며 시원한 강바람도 쐬고, 카페에서 블랙커피 한잔을 하곤 한다.

오늘도 가페의 두명한 유리창 너머로, 늦가을의 태양이 서쪽으로 기울며 강렬하게 빛을 발하고 있다.

종종 이렇게 나에겐, 밝게 떠오르는 여명의 태양보다도, 저물어가는 석양이 더 아름다울 때가 있다.

노천 주막

거리의 가로수 잎들이 떨어져 아스팔트 위로 바람에 흩날리는 늦가을 저녁이다.

낙엽을 밟으며 정동길을 지나, 여름에 가보았던 을지로3가 노천 주막을 찾았다.

'주막'이라면 왠지 막걸리 냄새가 풍기는 것 같지만, 사실 이곳은 젊은 층들이 많이 찾는, 노가리에 생맥주를 주로 파는 곳이다.

언제부터 이곳이 명소가 되었는지는 잘 모르지만, 아마도 그리 오래되지는 않았으리라 생각된다.

노가리 땅콩 안주에 생맥주 한잔을 시키고 나니, 낮에 쌓였던 긴장이 스르르 풀리는 것 같았다.

예년보다 조금은 따뜻한 만추의 계절이라지만, 행인들의 옷차림에선 이미 겨울이 성큼 다가왔음을 느낄 수 있었다.

나는 생맥주를 좋아한다.

소주처럼 찌르는 맛도 아니고 막걸리처럼 덤덤한 맛도 아닌, 그야말로 가슴 깊숙이 시원한 맛으로, 그리고 약간 취기가 오르면 때로는 디오니소스적 상념에 잠기기도 한다.

아마도 '목마와 숙녀'의 시인 박인환이 지금 이 시대에 살아있다면, 이곳 노천 주막에서 한잔의 생맥주를 마시며 시를 노래하지 않았을까?

페라고늄

꽃집 근처를 지나가다가, 문득 눈에 들어오는 꽃이 있었다.

꽃집 주인에게 그 꽃 이름을 물어보았다.

'페라고늄'이라고 하면서 외국 꽃이라고도 했다.

작은 화분에 든 그 꽃을 사서 방안의 탁자 위에 올려놓았다.

그리고 물도 빠뜨리지 않고 주었다.

짙은 핑크빛 페라고늄은 예쁘고 아름다웠다.

사시사철 피는 꽃이라고 해서 더욱 맘에 들었다.

페라고늄은, 원래 황새란 뜻의 그리스어 pelagos에서 유래됐다고 한다.

씨앗의 꼬투리가 황새를 닮아서 붙여진 이름이라고도 한다.

그러나 내 방 안의 페라고늄은 2~3주가 채 되기도 전에, 꽃잎은 차츰 시들어가기 시작했다.

꽃잎 줄기를 가위로 잘라주면, 그 줄기가 다시 자라서 새 꽃봉오리를 맺는다고 하여 꽃집 주인의 말대로 해보았다.

잘라낸 줄기가 다시 자라 새 꽃봉오리를 맺길 기대했으나, 그 줄기조차 점점 마르기 시작했다.

외출했다 돌아오는 길에 그 꽃집에 들러 물었더니, 그 꽃은 햇볕이 드는 곳에 두어야 한다고 했다.

결국은 방안에 두고 하루 24시간 온종일 그 꽃과 함께 지내려고 했던 나의 욕심이, 그 꽃을 시들게 하고 말았던 게 아닌가 하는 생각이 들어 씁쓸했다.

조카 녀석들

1년에 한두 번, 아버지 제삿날이나 명절 때 나는 큰형님 집에 가곤 한다.

물론 그동안 못 보았던 형제들이나, 특히 이제는 불쑥 커버린 조카 녀석들을 보기 위해서 이기도 하다.

젖먹이 시절부터 보아왔던 터라, 지금은 청년이 된 그 조카 녀석들을 보노라면, 새삼스레 세월의 흐름을 지각할 수 있는 것 같다.

막내동생 조카의 경우엔 아직 대학생이지만, 나머지 열명 정도는 대부분 직장생활을 하는 어엿한 사회인이 되었다.

며칠 전에도 음력 4월 초, 아버지 제사가 있어서 큰형 집엘 다녀왔다.

물론 조카들 몇 녀석을 보았는데, 그중 한 녀석은 나의 건강을 묻기도 했다.

그 녀석들 어린 시절, 어머니를 비롯해 대가족이 큰형 집에서 함께 살 때였다.

나는 종종, 서너 살 된 어린 조카 녀석의 고추를 만져보곤 했는데 그럴 때마다 어머니와 형수님으로부터 핀잔을 듣기도 했다.

그러나 이젠 삼촌의 건강을 물을 정도로, 그 녀석들은 대견스레 성인이 다 된 것이다.

그야말로 한 세대가 오가고 있음을 확연히 느낄 수 있는 것 같았다.

청년 고독사

예전엔 독거노인에게나 주로 있었던 고독사가, 최근 2~3년 들어 청년층에게까지 확산하고 있어 한층 더 안타까운 심정이 든다.

주로 20~30대 청년 고독사는 가족과 따로 떨어져 사는 경우가 대부분이라고 한다.

이렇게 젊은 청춘들이 골방에서 홀로 쓸쓸히 지

내다가, 세상과 작별할 수밖에 없는 데는 우리 사회의 무너져가는 공동체성이라는 보다 근본적인 문제가 깔려 있는 것 같다.

1년에 4,000여 명이 넘는 전체 고독사 중에, 청년 고독사가 40%를 웃돈다고 한다.

이들은 주로 경제적 고충과 극심한 우울증, 취업난 때문인 것으로, 끝없는 경쟁의 소용돌이 속에서 실패를 포용하지 않는 우리 사회, 우리 시대의 서글픈 자화상이라 아니할 수 없을 것 같다.

비를 함께 맞는다는 것

우선은 시간적인 이유로도 좀처럼 방송드라마를 볼 기회가 별로 없었는데, 얼마 전 모 지상파 방송의 드라마를 우연히 몇 회 본 적이 있다.

타이틀은 '오! 주인님'이라는 16부작 시리즈였는데, 아마도 내가 본 것은 후반부 몇 회 정도인 것 같다.

그래서 전체 줄거리를 잘 알 수는 없었지만, 대략

죽음을 얼마 앞둔 스릴러 작가 한 비수(이민기)와 잘나가는 여배우 오 주인(나나)과의 사랑에 관한 이야기 같았다.

두 사람은 같은 한옥에서 방을 따로 쓰면서 동거를 한다.

그러면서 적극적으로 감정을 표현하는 오 주인과 속마음과는 다르게 계속 거부를 하는 한 비수, 그러나 어느 날 오주인의 병원 입원을 계기로, 병문안 왔다가 돌아가는 한비수를 오주인은 환자복을 입은 채 병원 밖까지 쫓아 나온다.

그리고 이내 병원 밖에서, 두 사람은 서로 열정적으로 껴안는데…

이때 비가 쏟아지자 한 비수는 자기의 재킷을 벗어 오 주인에게 입혀준다.

그러자 오 주인은 '사랑은 비를 함께 맞는 것…'이라고 하면서, 그 웃옷을 다시 돌려주고 둘은 쏟아지는 비를 함께 맞는다.

물론 마지막 회에 가서는 '사랑'이라는 추상명사에 대해서 지나치게 설명하려는 듯하지만, '사랑은 비를 함께 맞는 것…'이라는 이 대사는 꽤 간결하고도 재미있는 표현이 아닌가 생각한다.

달도 차면 기울고

메뚜기도 한철이라……

물오리 한쌍

봄이 끝나가던 어느 날, 도봉산 산행길
숲속 골짜기 맑은 계곡물에
오리 한쌍이 노닐고 있었다.

어디서 왔는지 어느 누가 가져다 놓았는지
알 수 없지만,
어미도 아니고 새끼도 아닌, 그 한쌍의 오리는

서로 가까이 붙었다가 떨어지기를 반복하면서
물 위를 빙글빙글 돌고 있다.

그들의 사랑놀이는 그렇게 계속되고 있었다.

카페의 거리

좀 오래전 한때 광고 일을 해보겠다고 마음먹고, 바닥부터 배우겠다는 심정으로 지역광고 회사에 들어간 적이 있었다.

주로 자영업자의 소액광고를 책자에 싣는 영업 일이었는데, 그 당시 성수동은 비교적 넓은 상권이었으나 만만치 않은 곳이었다.

특히 성수역 3번 출구로부터 시작된 일대는 공장, 창고, 카센터 등이 많은 제조업 공장지대로, 지역광고에도 별 메리트가 없는 곳이었다.

그러나 그동안 소문만 듣다가 몇 번 찾아간 이 일대는, 지금은 색다른 카페의 거리로 변화되어 있었다.

오늘 내가 커피 한잔하고 있는 이 카페도, 옛 카센타를 개조해 만들었다고 한다.

서울 도심의 오밀조밀한 일반 카페들과는 내부구조가 너무나 다른, 휠휠 넓은 공간에 띄엄띄엄 배치된 탁자들이, 한여름의 바깥공기와 대비되면서 시원함을 더해 주고 있다.

이렇듯 옛 성수동의 이 거리는, 이젠 패션과 젊음으로 활력이 넘치는 새로운 문화의 거리가 된 것 같았다.

사실과 진실

우리는 종종 '사실'과 '진실'을 혼동할 때가 있는 것 같다.

어떤 행위가 사실이라 할지라도, 반드시 진실이 아닐 수 있다.

男과 女의 관계에서는 더욱 그렇다.

오로지 깊은 감정의 유무만이 판단의 기준이 될

것이다.

그리고 감정이란, 논리의 영역이 아니라 그 자체이다.

팔미도 등대

초여름 주말 오후, 인천 연안부두에서 유람선을 타고 팔미도로 향했다.

6월의 태양은 하늘에서 빛나고, 출렁대는 바다 위에는 갈매기가 숨바꼭질하고 있었다.

뱃길로 50여 분 거리의 팔미도, 섬의 모양이 여덟 팔(八) 자 닮았다 하여 붙여진 이름이라고 한다.

등대는 섬의 맨 꼭대기에 있었다.

1903년에 설치되어 일백 년 넘는, 우리의 근대 개항기와 역사를 같이 해 온 옛 등대는, 그럴듯한 외관의 새 등대에 비해 조금은 초라해 보였다.

그러나 그 인고의 세월 동안, 등대와 등대지기는 서해를 항행하는 선박들의 이정표가 되어왔음이 틀림없으리라…

오늘도 등대는 말이 없다.

오직 불빛을 비추기만 할 뿐

등대지기는 외로울 것이다.

그러나 외롭다고 말하지 않는다.

등대와 등대지기는 자기의 고독(孤獨)을 태워, 불빛을 밝혀주고 있는 것 같았다.

배달의 민족

우리나라 서남해의 작은 섬 완도군 소안도에서 낳고 자란, 40대 중반의 '배달의 민족' 창업자 김봉진이라는 사람이 화제가 되고 있어 재미있다.

그는 2017년 100억 원 기부를 한데 이어, 올해 2월 재산의 절반을 사회에 환원하겠다고 했다.

대략 5천억 원 이상으로, 세계적 기부클럽인 '더 기

빙플레이지'의 219번째 기부자로 등록됐다고 한다.

그런데 '더 기빙플레이지'는 워런 버핏, 빌 게이츠 등이 만든 기부단체다.

1조 원 넘는 재산을 보유해야 하고, 재산의 절반 이상을 기부해야 이 단체의 가입대상이 된다고 한다.

전형적인 흙수저인 그가 이렇게 통큰 기부를 하고, 또 사업에 성공하기까지의 과정도 재미있는 것 같다.

그는 거리 여기저기를 어지럽히고 집집 대문마다 아무렇게나 붙어있는, 주로 음식점 전단을 모바일로 옮길 구상을 하게 되었다고 한다.

그리고 '배달의 민족'을 창업하기 전에 사업에 실패하여, 한때 어렵게 지내기도 했던 그는 어느 카페의 구석에서, 몇 명의 창업 동료들과 함께 사업을 기획하고 준비했다.

동료들은 거의 직장을 가지고 있어 주로 토요일 휴무를 사용했고, 사업을 하면서는 아파트단지의 전단을 주어 오거나 심지어는 휴지통을 뒤지는 일까지 있었다고 한다.

이렇게 해서 그는 10여 년 만에 성공한 벤처기업가가 되었다.

어떻게 보면, 작은 섬 촌놈이 성공한 벤처기업가가 되었다는 것만으로도 충분한 얘깃거리가 될 수 있을 것이다.

그런데 그토록 많은 돈을 기부하고 또 재산의 절반을 사회에 환원하기로 했다는 것은, 죽어서 가져가지도 못할 재산을 지키기 위해, 편법상속과 탈세 등 온갖 불법을 저지르는 우리의 재벌들이 한번 되새겨 봐야 할 일이 아닌가 생각된다.

강변의 들꽃

제6부

강변의 들꽃

난지도의 억새풀

시월 하순, 서울 하늘의 공기는 오늘따라 미세먼지도 별로 없고 맑고 청정하다.

가을이 무르익어, 가로수의 활엽수들이 노랗게 물든 거리를 뒤로하고 난지도의 하늘 공원엘 왔다.

하늘 공원엔 억새로 가득 차 있었다.

억새 사이 사이로, 사진을 찍는 청춘들의 설렘이

그 자체로 아름다웠다.

난지도는 난초(蘭草)와 지초(芝草)를 일컫는 말로, 1970년대 후반 쓰레기 매립지가 되기 전엔 영화 촬영지로도 잘 알려져 있었다.

또한, 젊은이들의 데이트 코스로도 아름다운 명소였다고 한다.

그러나 이곳이 서울시의 쓰레기 매립지가 되고, 다시 그 매립지가 오늘의 난지도, 하늘 공원으로 재탄생되기까지는 영욕과 부침의 역사를 간직하고 있다.

며칠 전엔 이곳 하늘 공원에선 억새 축제도 있었다고 한다.

사람들 가운데는, 일본이나 중국 등지에서 온 외국인들도 꽤 많았다.

아마도 상전벽해(桑田碧海)라는 말은 이럴 때 쓰는 것이 아닌가 했다.

시월의 마지막 밤

지금도 기억하고 있어요
시월의 마지막 밤을
뜻 모를 이야기를 남긴 채
우리는 헤어졌지요

그날의 쓸쓸했던 표정이
그대의 진실인가요

한마디 변명도 못 하고
잊혀져야 하는 건가요…

'시월의 마지막 밤'은 1980년대 초, 가수 이용의 '잊혀진 계절' 속에 나오는 노래 가사의 일부다.

그러나 언뜻 제목과 가사를 뒤바꿔 생각하기 쉬운 것 같다.

사실은, 나도 여태껏 '시월의 마지막 밤'이 노래 제목인 줄 알고 있었다.

그리고 언제부턴가, 나는 이날 밤엔 혼자서라도 술을 한잔하곤 했다.

깊어가는 가을의 애수가 깃든 밤이라고 여겼기 때문일 것이다.

올 시월의 마지막 밤에도, 나는 상봉동에 있는 레스토랑 분위기의 주점에 들러 평소 좋아하는 생맥주를 시켰다.

보통 5백cc 두 잔이 주량인 나에겐, 술을 마셔도 정신이 말짱해 한잔 또 한잔, 그렇게 하여 점점 혼술의 위험 속으로 빠져들고 말았다.

경춘선의 간이역

지금은 지하철이 다니지만 몇 년 전까지만 해도 경춘선은 무궁화호 열차가 다녔다.

청량리역에서 출발해 2시간가량, 그러니까 영화 한 편이 시작되서 끝날 때쯤 종착역인 남춘천역에 도착한다.

경춘선은 많은 사람들에게 낭만과 추억의 기찻길이었다고 할 수 있을 것이다.

나는 경춘선 하면 먼저, 열차 길이 전철로 바뀌면서 사라진 간이역들이 생각난다.

여러 개의 간이역 중에서 특히 생각나는 곳은, 화랑대역과 백양리역 그리고 강촌역이다.

화랑대역은 아직도 그 당시 옛 모습을 재현하며 무궁화호 열차가 그대로 보존되어 있다.

물론 열차의 철로도 그대로 있다.

그러나 무엇보다도 화랑대역에선 이정표가 눈에 띈다.

이정표! 그것은 지금 멈춰선 열차의 공간과 시간을 표시함은 물론, 지나온 역과 앞으로 도착할 역의 방향을 가리킨다.

우리네 삶에서도 어느 시점에선, 잠시 멈추어서 이정표를 보아야 하는 것처럼……

백양리역 작은 역사 역시 당시 그 모습대로 남아 있다.

타고 내리는 사람이 얼마 되지 않지만, 그 소수를 위한 배려의 마음을 이 작은 시골 간이역을 통해서

엿볼 수 있다.

모든 것을 돈의 논리로만 생각한다면, 이러한 간이역은 애초부터 존재하지 않았을 것이다.

그리고 강촌역은 역의 이름에 걸맞게 그 자체로서 아름다운 간이역인 것 같다.

아직도 남아있는 기차역 바로 옆의 '예인카페'는 빛바랜 간판이 그대로 있다.

차 한잔을 하면서 통기타 음악을 듣던 그 카페…!

이렇듯 경춘선 열차의 간이역은 많은 생각을 하게 한다.

누구에게나 그렇듯, 때로는 내 인생이 한 편의 영화라고 한다면, 나는 지금 경춘선의 어디쯤 와 있는가 하고 말이다.

'6월 12일 현지 시각- 시카고, 오스틴, 댈러스…… 미국을 가득 채운 핏빛 총성, 주말을 맞은 미국 곳곳에서 총격 사건이 벌어져 최소 2명이 사망하고 30여 명이 상처를 입었다.-'

자유와 민주주의 그리고 인권을 강조하는 미국에서, 오늘도 총기사고는 예외가 없었다.

몇 명이 죽고 몇 명이 부상했다는 언론 보도는 이제 귀에 익었고 일상화된 것 같다.

지난해(2020년)만 해도, 한 해 2만여 명이 총기에 의해 죽어 나갔다고 한다.

흔히 우리는 총잡이 하면, 미국영화의 서부극을 떠올리곤 한다.

그런데 이러한 서부극은, 1930년대에서 1950년대까지 호황을 누리다가 급격히 쇠퇴하기에 이른다.

하지만 1960년대가 되면 '마카로니 웨스턴'이라고 하여, 이탈리아에서 주로 제작되고, 흔히 멕시코를 그 공간적 배경으로 하는 서부영화가 관객의 눈과 귀를 사로잡게 된다.

대표적인 것이 우리에게도 익숙한, 클린트 이스트우드 주연, 세르지오 레오네 감독의 '황야의 무법자'인 것이다.

물론 '마카로니 웨스턴'은 그 이전 서부극의 정형화 된 틀을 깨기도 하지만, 대체로 서부영화에서의 서사는 서부개척 시대의 개척정신과 주인공이 악당을 물리친다는 선악적 구도를 지니고 있다고 할 수 있다.

그런데 요즈음, 미국의 시가지에서 벌어지고 있는 현대판 서부극의 주인공들은 아무리 봐도 기존 서부영화의 주인공들과는, 총 쏘는 동기와 방식이 너무 다른 것 같아 그저 황망스럽고 씁쓸할 뿐이다.

이준석 현상이란……

정치권에서의 '~현상'이란 용어가 우리 사회에 널리 쓰이기 시작한 것은, 대략 10여 년 전부터가 아닌가 한다.

그것은 억눌렸던 대중들의 정서가 일시에 분출하는 형태를 띠면서, 주류 정치권 밖에서 제3의 새로운 인물이 급부상하는 것을 두고 일컫는 말이 돼왔다.

그러나 철학의 영역에서는, 일찍이 플라톤이래, 다수의 철학자가 철학적 용어로도 개념화해온 것이라고 할 수 있을 것이다.

요즈음 소위 '이준석 현상'이란 것도, 기성 정치권에 대한 강한 불신과 새로운 정치 질서에 대한 대중들 욕망의 표출이었다는 데에는, 이의가 없을 것 같다.

그러나 문제는, 이러한 쇄신과 혁신이 야당인 보수 정치권 내에서 먼저 시작되었다는 점이다.

그 때문에 이 파도는 싫든 좋든, 집권 여당에도 영향을 미칠 것이며 또 그래야 하지 않나 생각된다.

그런데 이 세상의 '거악(巨惡)' 중의 하나가 '위선'이라는 단어가 아닌가 한다.

20대 한때 민주와 정의, 통일을 부르짖었던 그 쌍팔년도 운동 경력으로, 50대까지 권력을 여전히 차지하고 있는, 지금의 586세대는 이제 완전한 기득권세력이 되었다고 할 수 있다.

그리고 우리 사회의 불평등과 불공정, 무능, 위선 그리고 부패의 가담자를 넘어 이미 그 자체가 되었지 않나 한다.

오늘의 우리 20~30대 청년세대는 절망하고 있는 것 같다.

도무지 희망이 보이지 않는 사회 속에서, 아침에 읽은 모 진보적 일간지에 실린 한 시민단체의 통계에 의하면 '현 정부 4년간 서울 아파트값이 두 배에 가까운 93% 올랐다'라고 한다.

즉 30평형 아파트의 경우 평균 가격이, 2017년 6억 2천만 원에서, 올해 11억 9천만 원으로, 약 5억 7천만 원 오른 것이다.

이에 물론 청년세대가 아닌 나도 절망하고 있다.

어쩌면 집 없는 시민 거의 모두가 절망하고 있을 것이다.

이제 우리의 능력과 실력으로, 봉급 받아서 집을 산다는 것은 거의 불가능한 일이 되었으며 전세는

커녕, 월세방 구하기도 만만치 않아졌기 때문이다.

따라서 '이준석 현상'이라는 것도 어떻게 보면, 삶을 이렇게 절망의 나락으로 떨어뜨린 낡은 진보 기득권 정치세력에 대한, 다른 방식의 국민적 분노의 표출이 아닌가 생각되기도 한다.

정동길

이제 모두 세월 따라
흔적도 없이 변하였지만
덕수궁 돌담길엔 아직 남아있어요.
다정히 걸어가는 연인들.

언젠가는 우리 모두 세월 따라
떠나가지만

언덕 밑 정동길엔 아직 남아있어요…

이문세 노래, 이영훈 작사 작곡 〈광화문 연가〉는 많은 사람에게 덕수궁 돌담길을 떠올리게 하는 노래이다.

평소 나는 지하철 시청역에서 내려 시간이 조금 한가할 때면, 종종 덕수궁 돌담길을 따라 걷곤 한다.

그리고 경향신문사를 지나 지하철 5호선 서대문역에서 탑승한다.

나에게 덕수궁 돌담길이 무슨 특별한 추억이나 기억 같은 게 있는 건 아니지만, 이곳에 오면 마치 무언가가 있었던 듯한 상념에 빠지기도 한다.

그래서 또 걸어본다,

돌담길 가로수의 낙엽들이 발에 밟힌다.

덕수궁 돌담길을 거닐면 헤어진다는 말이 있기도 한다.

그러나 여기저기 인증 샷 찍는 젊은 남녀의 모습들, 그리고 서너 명의 중년 여성들이 흘러간 옛날을 생각하며 함께 걷고 있는 듯, 이곳 돌담길은 때로는 사색의 길이 되기도 한 것 같다.

거리의 악사

지금은 좀 뜸한 편이지만 몇 년 전까지만 하더라도, 서울 도심 지하철 역사 안에서 종종 연주회가 열리는 것을 본 적이 있다.

그들은 주로 머나먼 남아메리카 출신 악사로서, 대개 4~5명 정도 한 팀을 이루어 그들의 노래를 연주하곤 했다.

그들만의 고유의 악기와 그들의 토속 정서가 담긴 음악을, 나는 가끔 가던 길을 멈추고 감상하곤 했었다.

그런데 요즈음 나는 도봉산 산행을 하면서, 그들처럼 거리의 악사라고까지 할 수 있을진 모르겠지만, 등산로 입구에서 주로 트로트를 연주하는 한 악사와 마주치곤 한다.

그 옆에는 동전 바구니가 놓여있어 천 원짜리 한 장을 넣고 가는데, 가끔 이런 생각을 하곤 했다.

천 원짜리 한 장이 적선인가, 아니면 음악의 대가인가? 라고……

녹사평역 2번 출구

평소 나는 병원에서 약을 처방받으면, 거리에 상관없이 지하철 녹사평역에서 내려 2번 출구로 나온다.

그리고 해방촌 방향으로 10여 분 올라가, 언덕길에 있는 조카의 약국에서 약을 조제 받아 돌아온다.

그렇게 다니는 게 몇 년째 되지만, 녹사평역 2번 출구가 이태원에서 유명하다는 경리단길로 가는 입구라는 건 최근에야 알았다.

그래서 며칠 전 조카의 약국에 갔다 오는 길에, 맘 먹고 녹사평역 2번 출구 앞 지하도를 건너 경리단길로 향했다.

서쪽 하늘엔 해가 넘어가고 불그스레 노을이 져 있었다.

약간 경사진 경리단길에는 주로 젊은 층이 좋아하는 카페와 술집이 즐비했지만, 코로나 팬데믹 때문인지 빈 곳도 더러 있었다.

술과 음료를 파는 한 카페로 들어갔다.

대부분 청년층과 외국인으로 차 있었다.

커피를 시키고 허전해 생맥주도 한잔했다.

예전보다 한산해졌다지만, 그런데도 내가 느낀 경리단길은 여전히 활기가 넘치는 것 같아 좋았다.

그래서 유산슬의 '합정역 5번 출구'가 이별을 앞둔 연인을 두고 노래한 것이라면, 언젠가 나는 녹사평역 2번 출구를 연인과 함께 나와 이곳 경리단길로 다시 오고 싶다.

가로수 은행잎

가을이면 샛노랗게 물든 가로수의 은행잎들이 보기에 무척 좋다.

그런 은행잎들이 늦가을이면 떨어져, 길 위에 장관을 이루며 바람에 흩날린다.

그 길을 걷노라면, 사각사각 낙엽 밟히는 소리가 촉감 좋게 들려온다.

게다가 가을비까지 오는 날이면, 왠지 조금은 처

연한 기분이 들기도 한다.

길 위에 떨어진, 비에 젖은 은행잎을 보노라면, 또 한 계절이 지나가고 있음을 온몸으로 느낀다.

그동안 몇 번의 다채로웠던 계절들을 보내고, 곧 겨울을 맞이해야 하는 자연의 섭리에 순응해야만 되기 때문일까?

그러나 겨울은 추운 계절이기는 하지만, 또 다른 낭만이 있지 아니한가!

우선 눈을 맞으며 붕어빵과 호떡을 사 먹을 수 있어서 좋고, 다시 봄을 기다리는 희망의 계절이어서 좋다.

그래서 무언가 기다리는 마음으로 지냈던 지난 겨울을 생각하며, 나는 오늘도 이 늦가을의 은행잎들을 다시 밟고 가는지 모른다.

‘통닭 연구소’

귀갓길 지하철에서 내려, 마을버스를 타려고 정류장에서 기다리노라면, 닭요리 냄새가 코끝을 스친다.

언뜻 보니 그 통닭집 이름이 특이했다.

‘통닭 연구소’

요즘은 뭐든지 차별화되어야만, 사람들에게 깊이

각인될 수 있다.

그렇지만 아무리 특이하고 또 차별화도 좋지만, 통닭집에 '연구소'라는 이름은 왠지 좀 생뚱맞은 느낌이 들기도 했다.

꽤 오래전 명동 성당 뒷편 삼일로 창고극장에서 연극 한 편을 본 적이 있다.

그 연극 제목은 지금 생각나지 않지만, 그때 남자 배우가 던지는 대사 중에서, '무슨 무슨 문제 연구소'가 많은 세태를 풍자하며, '문제 문제 연구소'라는 대사를 읊던 것이 생각난다.

어쨌든 평소에 통닭을 별로 사 먹지 않는 편이지만, 귀갓길 마을버스 정류장의 '통닭 연구소'는 그 이름이 특이한 만큼, 기왕에 흰 눈이 내리는 날, 이 연구소에서 조리한 통닭 한 마리쯤은 사 먹어 볼 생각이다.

최후의 승자

삶이란 자기 자신과의 지난한 싸움인지도 모른다.

온갖 고생 끝에 너무나도 늦은 나이에 빛을 발함으로써, 최후의 승자가 된 사람을 생각한다면, 우리는 '백리해'라는 사람을 들지 않을 수 없을 것 같다.

백리해는 중국의 춘추시대에, 나이 70에 진나라의 재상이 되어 진나라를 후세에 중원을 경략할 토대를 마련한 사람이다.

백리해는 탁월한 책략과 재능을 가졌으나, 가난한 가문에서 태어난 데다 불운하여 오랫동안 능력을 인정받지 못한 채, 나이 40엔 거지가 되어 걸식하면서 천하를 유랑한다.

이후 70세에 진 목공에게 발탁되어 재상이 되고, 본격적으로 천하를 경영하게 된다.

여기서 우리는, 조선 시대 평균수명이 46세였다는 걸 참고해 볼 만하다.

입신 후에 백리해는 한때 도움을 받았던 '건숙'을 추천하고, 여러 충신을 끌어모은 후, 그들과 함께 진 목공을 보필하여 진나라를 중원의 패주로 부흥시켰다.

이처럼 우리는 늦은 나이에도, 자기와의 싸움에서 최후의 승자가 된 백리해와 같은 사람을 통해, 쉽게 좌절하고 포기해버리는, 우리 안의 패배주의를 극복할 수 있는 에너지를 보충할 수 있지는 않을까?

어머니의 임종

얼마 전 요양원으로부터 어머니가 위독하다는 전갈이 왔다.

장례식장을 물색해 놓으라는 것이었다.

가슴이 철렁했다.

올 것이 오고야 말았다는 심정이었다.

코로나 19로, 요양원 안으로 들어가 임종을 지킬 수 없으므로 더욱 괴로웠다.

그러나 일단 위기는 모면했다.

그래서 형제들은 요양원 측의 배려 하에, 특정한 날을 정해 현관 앞에서, 휠체어에 몸을 실은 어머니의 모습을 한번 보는 것으로 임종을 대신하기로 했다.

임종 아닌 임종이었다.

꽉 말라버린 얼굴과 몸은, 이미 삶과 죽음의 경계에 와 있는 것 같았다.

사람이 이렇게 하여 죽어가는구나!

이것이 어머니와의 마지막 순간이 될지도 모른다는 생각에 이르러서는, 1미터 거리가 마치 이승과 저승의 갈림길 같았다.

질투(嫉妬)

남(男)과 여(女)의 관계에서 질투란 애정의 다른 표현일 수 있다.

그러나 그것이 지나치면 범죄가 될 수 있다.

따라서 질투에서 비롯된 행위는, 사랑과 관심의 대상이 허용할 수 있는 한계 내에서 행해져야 한다.